Das 1. Geschichtsbuch
aus dem Neuen Testament der Bibel

Das Evangelium nach Matthäus

Jesus Christus -
Der König der Juden

Übersetzung nach
Martin Luther 1545

*Bibliografische Information der Deutschen Nationalbiblio-
thek:*
*Die Deutsche Nationalbibliothek verzeichnet diese Publika-
tion in der Deutschen Nationalbibliografie; detaillierte bibliografische Daten sind im Internet über http://dnb.dnb.de
abrufbar.*

TWENTYSIX
Eine Marke der Books on Demand GmbH

Herstellung und Verlag:
BoD – Books on Demand, Norderstedt

ISBN: 978-3-740-76695-5

Übersetzung: **Martin Luther 1545**

Layout, Schriftsatz, Formatierung:
Antonia Katharina Tessnow
www.antonia-katharina.de

1. Kapitel

Christi Geschlechtsregister,
Name und Geburt.

1 Dies ist das Buch von der Geburt Jesu Christi, der da ist ein Sohn Davids, des Sohnes Abrahams.

2 Abraham zeugte Isaak. Isaak zeugte Jakob. Jakob zeugte Juda und seine Brüder.

3 Juda zeugte Perez und Serah von Thamar. Perez zeugte Hezron. Hezron zeugte Ram.

4 Ram zeugte Amminadab. Amminadab zeugte Nahesson. Nahesson zeugte Salma.

5 Salma zeugte Boas von der Rahab. Boas zeugte Obed von der Ruth. Obed zeugte Jesse.

6 Jesse zeugte den König David. Der König David zeugte Salomo von dem Weib des Uria.

7 Salomo zeugte Rehabeam. Rehabeam zeugte Abia. Abia zeugte Asa.

8 Asa zeugte Josaphat. Josaphat zeugte Joram. Joram zeugte Usia.

9 Usia zeugte Jotham. Jotham zeugte Ahas. Ahas zeugte Hiskia.

10 Hiskia zeugte Manasse. Manasse zeugte Amon. Amon zeugte Josia.

11 Josia zeugte Jechonja und seine Brüder um die Zeit der babylonischen Gefangenschaft.

12 Nach der babylonischen Gefangenschaft zeugte Jechonja Sealthiel. Sealthiel zeugte Serubabel.

13 Serubabel zeugte Abiud. Abiud zeugte Eliakim. Eliakim zeugte Asor.

14 Asor zeugte Zadok. Zadok zeugte Achim. Achim zeugte Eliud.

15 Eliud zeugte Eleasar. Eleasar zeugte Matthan. Matthan zeugte Jakob.

16 Jakob zeugte Joseph, den Mann Marias, von welcher ist geboren Jesus, der da heißt Christus.

17 Alle Glieder von Abraham bis auf David sind vierzehn Glieder. Von David bis auf die Gefangenschaft sind vierzehn Glieder. Von der babylonischen Gefangenschaft bis auf Christus sind vierzehn Glieder.

18 Die Geburt Christi war aber also getan. Als Maria, seine Mutter, dem Joseph vertraut war, fand sich's ehe er sie heimholte, daß sie schwanger war von dem heiligen Geist.

19 Joseph aber, ihr Mann, war fromm und wollte sie nicht in Schande bringen, gedachte aber, sie heimlich zu verlassen.

20 Indem er aber also gedachte, siehe, da erschien ihm ein Engel des HERRN im Traum und sprach: Joseph, du Sohn Davids, fürchte dich nicht, Maria, dein Gemahl, zu dir zu nehmen; denn das in ihr geboren ist, das ist von dem heiligen Geist.

21 Und sie wird einen Sohn gebären, des Namen sollst du Jesus heißen; denn er wird sein Volk selig machen von ihren Sünden.

22 Das ist aber alles geschehen, auf daß erfüllt würde, was der HERR durch den Propheten gesagt hat, der da spricht:

23 "Siehe, eine Jungfrau wird schwanger sein und einen Sohn gebären, und sie werden seinen Namen Immanuel heißen", das ist verdolmetscht: Gott mit uns.

24 Da nun Joseph vom Schlaf erwachte, tat er, wie ihm des HERRN Engel befohlen hatte, und nahm sein Gemahl zu sich.

25 Und er erkannte sie nicht, bis sie ihren ersten Sohn gebar; und hieß seinen Namen Jesus.

2. Kapitel

Weise aus Morgenland. Flucht nach Ägypten. Des Herodes Kindermord. Jesu Rückkehr und Wohnung in Nazareth.

1 Da Jesus geboren war zu Bethlehem im jüdischen Lande, zur Zeit des Königs Herodes, siehe, da kamen die Weisen vom Morgenland nach Jerusalem und sprachen:

2 Wo ist der neugeborene König der Juden? Wir haben seinen Stern gesehen im Morgenland und sind gekommen, ihn anzubeten.

3 Da das der König Herodes hörte, erschrak er und mit ihm das ganze Jerusalem.

4 Und ließ versammeln alle Hohenpriester und Schriftgelehrten unter dem Volk und erforschte von ihnen, wo Christus sollte geboren werden.

5 Und sie sagten ihm: Zu Bethlehem im jüdischen Lande; denn also steht geschrieben durch den Propheten:

6 "Und du Bethlehem im jüdischen Lande bist mitnichten die kleinste unter den Fürsten Juda's; denn aus dir soll mir kommen der Herzog, der über mein Volk Israel ein HERR sei."

7 Da berief Herodes die Weisen heimlich und erlernte mit Fleiß von ihnen, wann der Stern erschienen wäre,

8 und wies sie gen Bethlehem und sprach: Ziehet hin und forschet fleißig nach dem Kindlein; wenn ihr's findet, so sagt mir's wieder, daß ich auch komme und es anbete.

9 Als sie nun den König gehört hatten, zogen sie hin. Und siehe, der Stern, den sie im Morgenland gesehen hatten, ging vor ihnen hin, bis daß er kam und stand oben über, da das Kindlein war.

10 Da sie den Stern sahen, wurden sie hoch erfreut

11 und gingen in das Haus und fanden das Kindlein mit Maria, seiner Mutter, und fielen nieder und beteten es an und taten ihre Schätze auf und schenkten ihm Gold, Weihrauch und Myrrhe.

12 Und Gott befahl ihnen im Traum, daß sie sich nicht sollten wieder zu Herodes lenken; und sie zogen durch einen anderen Weg wieder in ihr Land.

13 Da sie aber hinweggezogen waren, siehe, da erschien der Engel des HERRN dem Joseph im Traum und sprach: Stehe auf und nimm das Kindlein und seine Mutter zu dir und flieh nach Ägyptenland und bleib allda, bis ich dir sage; denn es ist vorhanden, daß Herodes das Kindlein suche, dasselbe umzubringen.

14 Und er stand auf und nahm das Kindlein und seine Mutter zu sich bei der Nacht und entwich nach Ägyptenland.

15 Und blieb allda bis nach dem Tod des Herodes, auf daß erfüllet würde, was der HERR durch den Propheten gesagt hat, der da spricht: "Aus Ägypten habe ich meinen Sohn gerufen."

16 Da Herodes nun sah, daß er von den Weisen betrogen war, ward er sehr

zornig und schickte aus und ließ alle Kinder zu Bethlehem töten und an seinen ganzen Grenzen, die da zweijährig und darunter waren, nach der Zeit, die er mit Fleiß von den Weisen erlernt hatte.

17 Da ist erfüllt, was gesagt ist von dem Propheten Jeremia, der da spricht:

18 "Auf dem Gebirge hat man ein Geschrei gehört, viel Klagens, Weinens und Heulens; Rahel beweinte ihre Kinder und wollte sich nicht trösten lassen, denn es war aus mit ihnen."

19 Da aber Herodes gestorben war, siehe, da erschien der Engel des HERRN dem Joseph im Traum in Ägyptenland

20 und sprach: Stehe auf und nimm das Kindlein und seine Mutter zu dir und zieh hin in das Land Israel; sie sind gestorben, die dem Kinde nach dem Leben standen.

21 Und er stand auf und nahm das Kindlein und sein Mutter zu sich und kam in das Land Israel.

22 Da er aber hörte, daß Archelaus im jüdischen Lande König war anstatt seines Vaters Herodes, fürchtete er sich, dahin zu kommen. Und im Traum empfing er

Befehl von Gott und zog in die Örter des galiläischen Landes.

23 und kam und wohnte in der Stadt die da heißt Nazareth; auf das erfüllet würde, was da gesagt ist durch die Propheten: Er soll Nazarenus heißen.

3. Kapitel

Johannes predigt Buße und tauft Jesum.

1 Zu der Zeit kam Johannes der Täufer und predigte in der Wüste des jüdischen Landes

2 und sprach: Tut Buße, das Himmelreich ist nahe herbeigekommen!

3 Und er ist der, von dem der Prophet Jesaja gesagt hat und gesprochen: "Es ist eine Stimme eines Predigers in der Wüste: Bereitet dem HERRN den Weg und macht richtig seine Steige!"

4 Er aber, Johannes, hatte ein Kleid von Kamelhaaren und einen ledernen Gürtel um seine Lenden; seine Speise aber war Heuschrecken und wilder Honig.

5 Da ging zu ihm hinaus die Stadt Jerusalem und das ganze jüdische Land und alle Länder an dem Jordan

6 und ließen sich taufen von ihm im Jordan und bekannten ihre Sünden.

7 Als er nun viele Pharisäer und Sadduzäer sah zu seiner Taufe kommen, sprach er zu ihnen: Ihr Otterngezüchte, wer hat denn euch gewiesen, daß ihr dem künftigen Zorn entrinnen werdet?

8 Sehet zu, tut rechtschaffene Frucht der Buße!

9 Denket nur nicht, daß ihr bei euch wollt sagen: Wir haben Abraham zum Vater. Ich sage euch: Gott vermag dem Abraham aus diesen Steinen Kinder zu erwecken.

10 Es ist schon die Axt den Bäumen an die Wurzel gelegt. Darum, welcher Baum nicht gute Frucht bringt, wird abgehauen und ins Feuer geworfen.

11 Ich taufe euch mit Wasser zur Buße; der aber nach mir kommt, ist stärker denn ich, dem ich nicht genugsam bin, seine Schuhe zu tragen; der wird euch mit dem Heiligen Geist und mit Feuer taufen.

12 Und er hat seine Wurfschaufel in der Hand: er wird seine Tenne fegen und den Weizen in seine Scheune sammeln; aber die Spreu wird er verbrennen mit ewigem Feuer.

13 Zu der Zeit kam Jesus aus Galiläa an den Jordan zu Johannes, daß er sich von ihm taufen ließe.

14 Aber Johannes wehrte ihm und sprach: Ich bedarf wohl, daß ich von dir getauft werde, und du kommst zu mir?

15 Jesus aber antwortete und sprach zu ihm: Laß es jetzt also sein! also gebührt es uns, alle Gerechtigkeit zu erfüllen. Da ließ er's ihm zu.

16 Und da Jesus getauft war, stieg er alsbald herauf aus dem Wasser; und siehe, da tat sich der Himmel auf über ihm. Und er sah den Geist Gottes gleich als eine Taube herabfahren und über ihn kommen.

17 Und siehe, eine Stimme vom Himmel herab sprach: Dies ist mein lieber Sohn, an welchem ich Wohlgefallen habe.

4. Kapitel

Jesus wird von Satan versucht, tritt sein Lehramt an, beruft seine ersten Jünger und heilt Kranke aller Art.

1 Da ward Jesus vom Geist in die Wüste geführt, auf daß er von dem Teufel versucht würde.

2 Und da er vierzig Tage und vierzig Nächte gefastet hatte, hungerte ihn.

3 Und der Versucher trat zu ihm und sprach: Bist du Gottes Sohn, so sprich, daß diese Steine Brot werden.

4 Und er antwortete und sprach: Es steht geschrieben: "Der Mensch lebt nicht vom Brot allein, sondern von einem jeglichen Wort, das durch den Mund Gottes geht."

5 Da führte ihn der Teufel mit sich in die Heilige Stadt und stellte ihn auf die Zinne des Tempels

6 und sprach zu ihm: Bist du Gottes Sohn, so laß dich hinab; denn es steht geschrieben: Er wird seinen Engeln über dir Befehl tun, und sie werden dich auf Händen tragen, auf daß du deinen Fuß nicht an einen Stein stoßest.

7 Da sprach Jesus zu ihm: Wiederum steht auch geschrieben: "Du sollst Gott, deinen HERRN, nicht versuchen."

8 Wiederum führte ihn der Teufel mit sich auf einen sehr hohen Berg und zeigte ihm alle Reiche der Welt und ihre Herrlichkeit

9 und sprach zu ihm: Das alles will ich dir geben, so du niederfällst und mich anbetest.

10 Da sprach Jesus zu ihm: Hebe dich weg von mir Satan! denn es steht geschrieben: "Du sollst anbeten Gott, deinen HERRN, und ihm allein dienen."

11 Da verließ ihn der Teufel; und siehe, da traten die Engel zu ihm und dienten ihm.

12 Da nun Jesus hörte, daß Johannes überantwortet war, zog er in das galiläische Land.

13 Und verließ die Stadt Nazareth, kam und wohnte zu Kapernaum, das da liegt am Meer, im Lande Sebulon und Naphthali,

14 auf das erfüllet würde, was da gesagt ist durch den Propheten Jesaja, der da spricht:

15 "Das Land Sebulon und das Land Naphthali, am Wege des Meeres, jenseits des Jordans, und das heidnische Galiläa,

16 das Volk, das in Finsternis saß, hat ein großes Licht gesehen; und die da saßen am Ort und Schatten des Todes, denen ist ein Licht aufgegangen."

17 Von der Zeit an fing Jesus an, zu predigen und zu sagen: Tut Buße [wörtliche Übersetzung: Ändert eure Gesinnung (1)], das Himmelreich ist nahe herbeigekommen!

18 Als nun Jesus an dem Galiläischen Meer ging, sah er zwei Brüder, Simon, der da heißt Petrus, und Andreas, seinen Bruder, die warfen ihre Netze ins Meer; denn sie waren Fischer.

19 Und er sprach zu ihnen: Folget mir nach; ich will euch zu Menschenfischern machen!

20 Alsbald verließen sie ihre Netze und folgten ihm nach.

21 Und da er von da weiterging, sah er zwei andere Brüder, Jakobus, den Sohn des Zebedäus, und Johannes, seinen Bruder, im Schiff mit ihrem Vater

Zebedäus, daß sie ihre Netze flickten; und er rief sie.

22 Alsbald verließen sie das Schiff und ihren Vater und folgten ihm nach.

23 Und Jesus ging umher im ganzen galiläischen Lande, lehrte sie in ihren Schulen und predigte das Evangelium von dem Reich und heilte allerlei Seuche und Krankheit im Volk.

24 Und sein Gerücht erscholl in das ganze Syrienland. Und sie brachten zu ihm allerlei Kranke, mit mancherlei Seuchen und Qual behaftet, die Besessenen, die Mondsüchtigen und Gichtbrüchigen; und er machte sie alle gesund.

25 Und es folgte ihm nach viel Volks aus Galiläa, aus den zehn Städten, von Jerusalem, aus dem jüdischen Lande und von jenseits des Jordans.

5. Kapitel

Bergpredigt: Seligpreisungen.
Die rechte Gesetzeserfüllung.

1 Da er aber das Volk sah, ging er auf einen Berg und setzte sich; und seine Jünger traten zu ihm,

2 Und er tat seinen Mund auf, lehrte sie und sprach:

3 Selig sind, die da geistlich arm sind; denn das Himmelreich ist ihr.

4 Selig sind, die da Leid tragen; denn sie sollen getröstet werden.

5 Selig sind die Sanftmütigen; denn sie werden das Erdreich besitzen.

6 Selig sind, die da hungert und dürstet nach der Gerechtigkeit; denn sie sollen satt werden.

7 Selig sind die Barmherzigen; denn sie werden Barmherzigkeit erlangen.

8 Selig sind, die reines Herzens sind; denn sie werden Gott schauen.

9 Selig sind die Friedfertigen; denn sie werden Gottes Kinder heißen.

10 Selig sind, die um Gerechtigkeit willen verfolgt werden; denn das

Himmelreich ist ihr.

11 Selig seid ihr, wenn euch die Menschen um meinetwillen schmähen und verfolgen und reden allerlei Übles gegen euch, so sie daran lügen.

12 Seid fröhlich und getrost; es wird euch im Himmel wohl belohnt werden. Denn also haben sie verfolgt die Propheten, die vor euch gewesen sind.

[*Wenn man auf das semitische Substrat zurückgeht, könnte man 'selig' auch mit 'erhebt euch' übersetzen:*

Erhebt euch, ihr, die da geistlich arm sind; denn das Himmelreich ist euer.

Erhebt euch, die da Leid tragen; denn ihr sollt getröstet werden.

Erhebt euch, ihr Sanftmütigen; denn ihr werdet das Erdreich besitzen.

Erhebt euch, ihr, die da hungert und dürstet nach der Gerechtigkeit; denn ihr sollt satt werden.

Erhebt euch, ihr Barmherzigen; denn ihr werdet Barmherzigkeit erlangen.

Erhebt euch, ihr, die reinen Herzens sind; denn ihr werdet Gott schauen.

Erhebt euch, ihr Friedfertigen; denn ihr werdet Gottes Kinder heißen.

Erhebt euch, ihr, die um der Gerechtigkeit willen verfolgt werdet; denn das Himmelreich ist euer.

Erhebt euch, wenn euch die Menschen um meinetwillen schmähen und verfolgen und reden allerlei Übles gegen euch, so sie daran lügen.

Seid fröhlich und getrost; es wird euch im Himmel wohl belohnt werden.

(nach Luther)

Erhebt euch, ihr, deren Atem gedemütigt und durch Emotionen oder Furcht abgeschnitten und eingeschränkt ist.

Erhebt euch, ihr, die ihr weint, ihr werdet getröstet werden.

Erhebt euch, ihr Trauernden, die sich mit der Trauer abfinden.

Erhebt euch, ihr nach Gerechtigkeit Hungernden und Dürstenden, ihr werdet gesättigt werden.

Erhebt euch, ihr Barmherzigen, euch wird Barmherzigkeit widerfahren.

Erhebt euch, ihr reinen Herzen, ihr werdet Gott schauen.

Erhebt euch, ihr Stifter des Friedens, ihr werdet Söhne Gottes heißen.

Erhebt euch, wenn sie euch um meinetwillen schmähen und verfolgen und reden allerlei Übles wider euch, so sie daran lügen.

Seid fröhlich und getrost; es wird euch im Himmel wohl belohnt werden. Denn also haben sie verfolgt die Propheten, die vor euch gewesen sind.

Erhebt euch und verkündet das Reich Gottes. (2)]

13 Ihr seid das Salz der Erde. Wo nun das Salz dumm wird, womit soll man's salzen? Es ist hinfort zu nichts nütze, denn das man es hinausschütte und lasse es die Leute zertreten.

14 Ihr seid das Licht der Welt. Es kann die Stadt, die auf einem Berge liegt, nicht verborgen sein.

15 Man zündet auch nicht ein Licht an und setzt es unter einen Scheffel, sondern auf einen Leuchter; so leuchtet es denn allen, die im Hause sind.

16 Also laßt euer Licht leuchten vor den Leuten, daß sie eure guten Werke sehen

und euren Vater im Himmel preisen.

17 Ihr sollt nicht wähnen, daß ich gekommen bin, das Gesetz oder die Propheten aufzulösen; ich bin nicht gekommen, aufzulösen, sondern zu erfüllen.

18 Denn ich sage euch wahrlich: Bis daß Himmel und Erde zergehe, wird nicht zergehen der kleinste Buchstabe noch ein Tüttel vom Gesetz, bis daß es alles geschehe.

19 Wer nun eines von diesen kleinsten Geboten auflöst und lehrt die Leute also, der wird der Kleinste heißen im Himmelreich; wer es aber tut und lehrt, der wird groß heißen im Himmelreich.

20 Denn ich sage euch: Es sei denn eure Gerechtigkeit besser als der Schrift-gelehrten und Pharisäer, so werdet ihr nicht in das Himmelreich kommen.

21 Ihr habt gehört, daß zu den Alten gesagt ist: "Du sollst nicht töten; wer aber tötet, der soll des Gerichts schuldig sein."

22 Ich aber sage euch: Wer mit seinem Bruder zürnet, der ist des Gerichts schuldig; wer aber zu seinem Bruder sagt: Rache! der ist des Rats schuldig; wer

aber sagt: Du Narr! der ist des höllischen Feuers schuldig.

23 Darum, wenn du deine Gabe auf dem Altar opferst und wirst allda eingedenk, daß dein Bruder etwas wider dich habe,

24 so laß allda vor dem Altar deine Gabe und gehe zuvor hin und versöhne dich mit deinem Bruder, und alsdann komm und opfere deine Gabe.

25 Sei willfährig deinem Widersacher bald, dieweil du noch bei ihm auf dem Wege bist, auf daß dich der Widersacher nicht dermaleinst überantworte dem Richter, und der Richter überantworte dich dem Diener, und wirst in den Kerker geworfen.

26 Ich sage dir wahrlich: Du wirst nicht von dannen herauskommen, bis du auch den letzten Heller bezahlest.

27 Ihr habt gehört, daß zu den Alten gesagt ist: "Du sollst nicht ehebrechen."

28 Ich aber sage euch: Wer ein Weib ansieht, ihrer zu begehren, der hat schon mit ihr die Ehe gebrochen in seinem Herzen.

29 Ärgert dich aber dein rechtes Auge, so reiß es aus und wirf's von dir. Es ist dir

besser, daß eins deiner Glieder verderbe, und nicht der ganze Leib in die Hölle geworfen werde.

30 Ärgert dich deine rechte Hand, so haue sie ab und wirf sie von dir. Es ist dir besser, daß eins deiner Glieder verderbe, und nicht der ganze Leib in die Hölle geworfen werde.

31 Es ist auch gesagt: "Wer sich von seinem Weibe scheidet, der soll ihr geben einen Scheidebrief."

32 Ich aber sage euch: Wer sich von seinem Weibe scheidet (es sei denn um Ehebruch), der macht, daß sie die Ehe bricht; und wer eine Abgeschiedene freit, der bricht die Ehe.

33 Ihr habt weiter gehört, daß zu den Alten gesagt ist: "Du sollst keinen falschen Eid tun und sollst Gott deinen Eid halten."

34 Ich aber sage euch, daß ihr überhaupt nicht schwören sollt, weder bei dem Himmel, denn er ist Gottes Stuhl,

35 noch bei der Erde, denn sie ist seiner Füße Schemel, noch bei Jerusalem, denn sie ist des großen Königs Stadt.

36 Auch sollst du nicht bei deinem Haupt schwören, denn du vermagst nicht ein

einziges Haar schwarz oder weiß zu machen.

37 Eure Rede aber sei: Ja, ja; nein, nein. Was darüber ist, das ist vom Übel.

38 Ihr habt gehört, daß da gesagt ist: "Auge um Auge, Zahn um Zahn."

39 Ich aber sage euch, daß ihr nicht widerstreben sollt dem Übel; sondern, so dir jemand einen Streich gibt auf deinen rechten Backen, dem biete den andern auch dar.

40 Und so jemand mit dir rechten will und deinen Rock nehmen, dem laß auch den Mantel.

41 Und so dich jemand nötigt eine Meile, so gehe mit ihm zwei.

42 Gib dem, der dich bittet, und wende dich nicht von dem, der dir abborgen will.

43 Ihr habt gehört, daß gesagt ist: "Du sollst deinen Nächsten lieben und deinen Feind hassen."

44 Ich aber sage euch: Liebet eure Feinde; segnet, die euch fluchen; tut wohl denen, die euch hassen; bittet für die, so euch beleidigen und verfolgen,

45 auf daß ihr Kinder seid eures Vater

im Himmel; denn er läßt seine Sonne aufgehen über die Bösen und über die Guten und läßt regnen über Gerechte und Ungerechte.

46 Denn so ihr liebet, die euch lieben, was werdet ihr für Lohn haben? Tun nicht dasselbe auch die Zöllner?

47 Und so ihr euch nur zu euren Brüdern freundlich tut, was tut ihr Sonderliches? Tun nicht die Zöllner auch also?

48 Darum sollt ihr vollkommen sein, gleichwie euer Vater im Himmel vollkommen ist.

6. Kapitel

*Fortsetzung der Bergpredigt:
vom Almosen, Beten und Fasten;
Warnung vor irdischem Sinn.*

1 Habt acht auf eure Almosen, daß ihr die nicht gebet vor den Leuten, daß ihr von ihnen gesehen werdet; ihr habt anders keinen Lohn bei eurem Vater im Himmel.

2 Wenn du Almosen gibst, sollst du nicht

lassen vor dir posaunen, wie die Heuchler tun in den Schulen und auf den Gassen, auf daß sie von den Leuten gepriesen werden. Wahrlich ich sage euch: Sie haben ihren Lohn dahin.

3 Wenn du aber Almosen gibst, so laß deine linke Hand nicht wissen, was die rechte tut,

4 auf daß dein Almosen verborgen sei; und dein Vater, der in das Verborgene sieht, wird dir's vergelten öffentlich.

5 Und wenn du betest, sollst du nicht sein wie die Heuchler, die da gerne stehen und beten in den Schulen und an den Ecken auf den Gassen, auf daß sie von den Leuten gesehen werden. Wahrlich ich sage euch: Sie haben ihren Lohn dahin.

6 Wenn aber du betest, so gehe in dein Kämmerlein und schließ die Tür zu und bete zu deinem Vater im Verborgenen; und dein Vater, der in das Verborgene sieht, wird dir's vergelten öffentlich.

7 Und wenn ihr betet, sollt ihr nicht viel plappern wie die Heiden; denn sie meinen, sie werden erhört, wenn sie viel Worte machen.

8 Darum sollt ihr euch ihnen nicht gleichstellen. Euer Vater weiß, was ihr bedürfet, ehe ihr ihn bittet.

9 Darum sollt ihr also beten: Unser Vater in dem Himmel! Dein Name werde geheiligt.

10 Dein Reich komme. Dein Wille geschehe auf Erden wie im Himmel.

11 Unser täglich Brot gib uns heute.

12 Und vergib uns unsere Schuld, wie wir unseren Schuldigern vergeben.

13 Und führe uns nicht in Versuchung, sondern erlöse uns von dem Übel. Denn dein ist das Reich und die Kraft und die Herrlichkeit in Ewigkeit. Amen.

14 Denn so ihr den Menschen ihre Fehler vergebet, so wird euch euer himmlischer Vater auch vergeben,

15 Wo ihr aber den Menschen ihre Fehler nicht vergebet, so wird euch euer Vater eure Fehler auch nicht vergeben.

16 Wenn ihr fastet, sollt ihr nicht sauer sehen wie die Heuchler; denn sie verstellen ihr Angesicht, auf daß sie vor den Leuten scheinen mit ihrem Fasten. Wahrlich ich sage euch: Sie haben ihren Lohn dahin.

17 Wenn du aber fastest, so salbe dein Haupt und wasche dein Angesicht,

18 auf daß du nicht scheinest vor den Leuten mit deinem Fasten, sondern vor deinem Vater, welcher verborgen ist; und dein Vater, der in das Verborgene sieht, wird dir's vergelten öffentlich.

19 Ihr sollt euch nicht Schätze sammeln auf Erden, da sie die Motten und der Rost fressen und da die Diebe nachgraben und stehlen.

20 Sammelt euch aber Schätze im Himmel, da sie weder Motten noch Rost fressen und da die Diebe nicht nachgraben noch stehlen.

21 Denn wo euer Schatz ist, da ist auch euer Herz.

22 Das Auge ist des Leibes Licht. Wenn dein Auge einfältig ist, so wird dein ganzer Leib licht sein;

23 ist aber dein Auge ein Schalk, so wird dein ganzer Leib finster sein. Wenn nun das Licht, das in dir ist, Finsternis ist, wie groß wird dann die Finsternis sein!

24 Niemand kann zwei Herren dienen: entweder er wird den einen hassen und den andern lieben, oder er wird dem

einen anhangen und den andern verachten. Ihr könnt nicht Gott dienen und dem Mammon.

25 Darum sage ich euch: Sorget nicht für euer Leben, was ihr essen und trinken werdet, auch nicht für euren Leib, was ihr anziehen werdet. Ist nicht das Leben mehr denn Speise? und der Leib mehr denn die Kleidung?

26 Sehet die Vögel unter dem Himmel an: sie säen nicht, sie ernten nicht, sie sammeln nicht in die Scheunen; und euer himmlischer Vater nährt sie doch. Seid ihr denn nicht viel mehr denn sie?

27 Wer ist aber unter euch, der seiner Länge eine Elle zusetzen möge, ob er gleich darum sorget?

28 Und warum sorget ihr für die Kleidung? Schaut die Lilien auf dem Felde, wie sie wachsen: sie arbeiten nicht, auch spinnen sie nicht.

29 Ich sage euch, daß auch Salomo in aller seiner Herrlichkeit nicht bekleidet gewesen ist wie derselben eins.

30 So denn Gott das Gras auf dem Felde also kleidet, das doch heute steht und morgen in den Ofen geworfen wird: sollte

er das nicht viel mehr euch tun, o ihr Kleingläubigen?

31 Darum sollt ihr nicht sorgen und sagen: Was werden wir essen, was werden wir trinken, womit werden wir uns kleiden?

32 Nach solchem allem trachten die Heiden. Denn euer himmlischer Vater weiß, daß ihr des alles bedürfet.

33 Trachtet am ersten nach dem Reich Gottes und nach seiner Gerechtigkeit, so wird euch solches alles zufallen.

34 Darum sorgt nicht für den andern Morgen; denn der morgende Tag wird für das Seine sorgen. Es ist genug, daß ein jeglicher Tag seine eigene Plage habe.

7. Kapitel

Schluß der Bergpredigt: vom lieblosen Richten, von der Kraft des Gebets und vom Tun des göttlichen Willens.

1 Richtet nicht, auf daß ihr nicht gerichtet werdet.

2 Denn mit welcherlei Gericht ihr richtet, werdet ihr gerichtet werden; und mit welcherlei Maß ihr messet, wird euch gemessen werden.

3 Was siehst du aber den Splitter in deines Bruders Auge, und wirst nicht gewahr des Balkens in deinem Auge?

4 Oder wie darfst du sagen zu deinem Bruder: Halt, ich will dir den Splitter aus deinem Auge ziehen, und siehe, ein Balken ist in deinem Auge?

5 Du Heuchler, zieh am ersten den Balken aus deinem Auge; darnach siehe zu, wie du den Splitter aus deines Bruders Auge ziehst!

6 Ihr sollt das Heiligtum nicht den Hunden geben, und eure Perlen nicht vor die Säue werfen, auf daß sie dieselben nicht zertreten mit ihren Füßen und sich wenden und euch zerreißen.

7 Bittet, so wird euch gegeben; suchet, so werdet ihr finden; klopfet an, so wird euch aufgetan.

8 Denn wer da bittet, der empfängt; und wer da sucht, der findet; und wer da anklopft, dem wird aufgetan.

9 Welcher ist unter euch Menschen, so ihn sein Sohn bittet ums Brot, der ihm einen Stein biete?

10 oder, so er ihn bittet um einen Fisch, der ihm eine Schlange biete?

11 So denn ihr, die ihr doch arg seid, könnt dennoch euren Kindern gute Gaben geben, wie viel mehr wird euer Vater im Himmel Gutes geben denen, die ihn bitten!

12 Alles nun, was ihr wollt, daß euch die Leute tun sollen, das tut ihr ihnen auch. Das ist das Gesetz und die Propheten.

13 Gehet ein durch die enge Pforte. Denn die Pforte ist weit, und der Weg ist breit, der zur Verdammnis abführt; und ihrer sind viele, die darauf wandeln.

14 Und die Pforte ist eng, und der Weg ist schmal, der zum Leben führt; und wenige sind ihrer, die ihn finden.

15 Seht euch vor vor den falschen Propheten, die in Schafskleidern zu euch kommen, inwendig aber sind sie reißende Wölfe.

16 An ihren Früchten sollt ihr sie erkennen. Kann man auch Trauben lesen

von den Dornen oder Feigen von den Disteln?

17 Also ein jeglicher guter Baum bringt gute Früchte; aber ein fauler Baum bringt arge Früchte.

18 Ein guter Baum kann nicht arge Früchte bringen, und ein fauler Baum kann nicht gute Früchte bringen.

19 Ein jeglicher Baum, der nicht gute Früchte bringt, wird abgehauen und ins Feuer geworfen.

20 Darum an ihren Früchten sollt ihr sie erkennen.

21 Es werden nicht alle, die zu mir sagen: HERR, HERR! ins Himmelreich kommen, sondern die den Willen tun meines Vaters im Himmel.

22 Es werden viele zu mir sagen an jenem Tage: HERR, HERR! haben wir nicht in deinem Namen geweissagt, haben wir nicht in deinem Namen Teufel ausgetrieben, und haben wir nicht in deinem Namen viele Taten getan?

23 Dann werde ich ihnen bekennen: Ich habe euch noch nie erkannt; weichet alle von mir, ihr Übeltäter!

24 Darum, wer diese meine Rede hört und tut sie, den vergleiche ich einem klugen Mann, der sein Haus auf einen Felsen baute.

25 Da nun ein Platzregen fiel und ein Gewässer kam und wehten die Winde und stießen an das Haus, fiel es doch nicht; denn es war auf einen Felsen gegründet.

26 Und wer diese meine Rede hört und tut sie nicht, der ist einem törichten Manne gleich, der sein Haus auf den Sand baute.

27 Da nun ein Platzregen fiel und kam ein Gewässer und wehten die Winde und stießen an das Haus, da fiel es und tat einen großen Fall.

28 Und es begab sich, da Jesus diese Rede vollendet hatte, entsetzte sich das Volk über seine Lehre.

29 Denn er predigte gewaltig und nicht wie die Schriftgelehrten.

8. Kapitel

Jesus heilt einen Aussätzigen,
eines Hauptmanns Knecht, des Petrus
Schwiegermutter und andere Kranke,
weist zwei Jünger zurecht, stillt den Sturm
auf dem Meer, hilft zwei Besessenen.

1 Da er aber vom Berg herabging, folgte ihm viel Volks nach.

2 Und siehe, ein Aussätziger kam und betete ihn an und sprach: HERR, so du willst, kannst du mich wohl reinigen.

3 Und Jesus streckte seine Hand aus, rührte ihn an und sprach: Ich will's tun; sei gereinigt! Und alsbald ward er vom Aussatz rein.

4 Und Jesus sprach zu ihm: Siehe zu, sage es niemand; sondern gehe hin und zeige dich dem Priester und opfere die Gabe, die Mose befohlen hat, zu einem Zeugnis über sie.

5 Da aber Jesus einging zu Kapernaum, trat ein Hauptmann zu ihm, der bat ihn

6 und sprach: HERR, mein Knecht liegt zu Hause und ist gichtbrüchig und hat große Qual.

7 Jesus sprach zu ihm: Ich will kommen und ihn gesund machen.

8 Der Hauptmann antwortete und sprach: HERR, ich bin nicht wert, daß du unter mein Dach gehest; sondern sprich nur ein Wort, so wird mein Knecht gesund.

9 Denn ich bin ein Mensch, der Obrigkeit untertan, und habe unter mir Kriegsknechte; und wenn ich sage zu einem: Gehe hin! so geht er; und zum andern: Komm her! so kommt er; und zu meinem Knecht: Tu das! so tut er's.

10 Da das Jesus hörte, verwunderte er sich und sprach zu denen, die ihm nachfolgten: Wahrlich ich sage euch: Solchen Glauben habe ich in Israel nicht gefunden!

11 Aber ich sage euch viele werden kommen vom Morgen und vom Abend und mit Abraham und Isaak und Jakob im Himmelreich sitzen;

12 aber die Kinder des Reiches werden ausgestoßen in die Finsternis hinaus; da wird sein Heulen und Zähneklappen.

13 Und Jesus sprach zu dem Hauptmann: Gehe hin; dir geschehe, wie du geglaubt

hast. Und sein Knecht ward gesund zu derselben Stunde.

14 Und Jesus kam in des Petrus Haus und sah, daß seine Schwiegermutter lag und hatte das Fieber.

15 Da griff er ihre Hand an, und das Fieber verließ sie. Und sie stand auf und diente ihnen.

16 Am Abend aber brachten sie viele Besessene zu ihm; und er trieb die Geister aus mit Worten und machte allerlei Kranke gesund,

17 auf das erfüllt würde, was gesagt ist durch den Propheten Jesaja, der da spricht: "Er hat unsere Schwachheiten auf sich genommen, und unsere Seuchen hat er getragen."

18 Und da Jesus viel Volks um sich sah, hieß er hinüber jenseits des Meeres fahren.

19 Und es trat zu ihm ein Schriftgelehrter, der sprach zu ihm: Meister, ich will dir folgen, wo du hin gehst.

20 Jesus sagt zu ihm: Die Füchse haben Gruben, und die Vögel unter dem Himmel haben Nester; aber des

Menschen Sohn hat nichts, da er sein Haupt hin lege.

21 Und ein anderer unter seinen Jüngern sprach zu ihm: HERR, erlaube mir, daß ich hingehe und zuvor meinen Vater begrabe.

22 Aber Jesus sprach zu ihm: Folge du mir und laß die Toten ihre Toten begraben!

23 Und er trat in das Schiff, und seine Jünger folgten ihm.

24 Und siehe, da erhob sich ein großes Ungestüm im Meer, also daß auch das Schifflein mit Wellen bedeckt ward; und er schlief.

25 Und die Jünger traten zu ihm und weckten ihn auf und sprachen: HERR, hilf uns, wir verderben!

26 Da sagte er zu ihnen: Ihr Kleingläubigen, warum seid ihr so furchtsam? Und stand auf und bedrohte den Wind und das Meer; da ward es ganz stille.

27 Die Menschen aber verwunderten sich und sprachen: Was ist das für ein Mann, daß ihm Wind und Meer gehorsam ist?

28 Und er kam jenseit des Meeres in die Gegend der Gergesener. Da liefen ihm entgegen zwei Besessene, die kamen aus den Totengräbern und waren sehr grimmig, also daß niemand dieser Straße wandeln konnte.

29 Und siehe, sie schrieen und sprachen: Ach Jesu, du Sohn Gottes, was haben wir mit dir zu tun? Bist du hergekommen, uns zu quälen, ehe denn es Zeit ist?

30 Es war aber ferne von ihnen eine große Herde Säue auf der Weide.

31 Da baten ihn die Teufel und sprachen: Willst du uns austreiben, so erlaube uns, in die Herde Säue zu fahren.

32 Und er sprach: Fahret hin! Da fuhren sie aus und in die Herde Säue. Und siehe, die ganze Herde Säue stürzte sich von dem Abhang ins Meer und ersoffen im Wasser.

33 Und die Hirten flohen und gingen hin in die Stadt und sagten das alles und wie es mit den Besessenen ergangen war.

34 Und siehe, da ging die ganze Stadt heraus Jesu entgegen. Und da sie ihn

sahen, baten sie ihn, daß er aus ihrer Gegend weichen wollte.

9. Kapitel

Gichtbrüchiger. Matthäus und die Jünger des Täufers. Tochter des Jairus und blutflüssiges Weib. Zwei Blinde und ein Stummer. Jesus lehrt und heilt, heißt um Arbeiter bitten.

1 Da trat er in das Schiff und fuhr wieder herüber und kam in seine Stadt.

2 Und siehe, da brachten sie zu ihm einen Gichtbrüchigen, der lag auf einem Bett. Da nun Jesus ihren Glauben sah, sprach er zu dem Gichtbrüchigen: Sei getrost, mein Sohn; deine Sünden sind dir vergeben.

3 Und siehe, etliche unter den Schriftgelehrten sprachen bei sich selbst: Dieser lästert Gott.

4 Da aber Jesus ihre Gedanken sah, sprach er: Warum denkt ihr so arges in euren Herzen?

5 Welches ist leichter: zu sagen: Dir sind

deine Sünden vergeben, oder zu sagen: Stehe auf und wandle?

6 Auf das ihr aber wisset, daß des Menschen Sohn Macht habe, auf Erden die Sünden zu vergeben (sprach er zu dem Gichtbrüchigen): Stehe auf, hebe dein Bett auf und gehe heim!

7 Und er stand auf und ging heim.

8 Da das Volk das sah, verwunderte es sich und pries Gott, der solche Macht den Menschen gegeben hat.

9 Und da Jesus von dannen ging, sah er einen Menschen am Zoll sitzen, der hieß Matthäus; und er sprach zu ihm: Folge mir! Und er stand auf und folgte ihm.

10 Und es begab sich, da er zu Tische saß im Hause, siehe, da kamen viele Zöllner und Sünder und saßen zu Tische mit Jesu und seinen Jüngern.

11 Da das die Pharisäer sahen, sprachen sie zu seinen Jüngern: Warum isset euer Meister mit den Zöllnern und Sündern?

12 Da das Jesus hörte, sprach er zu ihnen: Die Starken bedürfen des Arztes nicht, sondern die Kranken.

13 Gehet aber hin und lernet, was das sei: "Ich habe Wohlgefallen an

Barmherzigkeit und nicht am Opfer." Ich bin gekommen die Sünder zur Buße zu rufen, und nicht die Gerechten.

14 Indes kamen die Jünger des Johannes zu ihm und sprachen: Warum fasten wir und die Pharisäer so viel, und deine Jünger fasten nicht?

15 Jesus sprach zu ihnen: Wie können die Hochzeitleute Leid tragen, solange der Bräutigam bei ihnen ist? Es wird aber die Zeit kommen, daß der Bräutigam von ihnen genommen wird; alsdann werden sie fasten.

16 Niemand flickt ein altes Kleid mit einem Lappen von neuem Tuch; denn der Lappen reißt doch wieder vom Kleid, und der Riß wird ärger.

17 Man faßt auch nicht Most in alte Schläuche; sonst zerreißen die Schläuche und der Most wird verschüttet, und die Schläuche kommen um. Sondern man faßt Most in neue Schläuche, so werden sie beide miteinander erhalten.

18 Da er solches mit ihnen redete, siehe, da kam der Obersten einer und fiel vor ihm nieder und sprach: HERR, meine Tochter ist jetzt gestorben; aber komm

und lege deine Hand auf sie, so wird sie lebendig.

19 Und Jesus stand auf und folgte ihm nach und seine Jünger.

20 Und siehe, ein Weib, das zwölf Jahre den Blutgang gehabt, trat von hinten zu ihm und rührte seines Kleides Saum an.

21 Denn sie sprach bei sich selbst: Möchte ich nur sein Kleid anrühren, so würde ich gesund.

22 Da wandte sich Jesus um und sah sie und sprach: Sei getrost, meine Tochter; dein Glaube hat dir geholfen. Und das Weib ward gesund zu derselben Stunde.

23 Und als er in des Obersten Haus kam und sah die Pfeifer und das Getümmel des Volks,

24 sprach er zu ihnen: Weichet! denn das Mägdlein ist nicht tot, sondern es schläft. Und sie verlachten ihn.

25 Als aber das Volk hinausgetrieben war, ging er hinein und ergriff es bei der Hand; da stand das Mägdlein auf.

26 Und dies Gerücht erscholl in dasselbe ganze Land.

27 Und da Jesus von da weiterging, folgten ihm zwei Blinde nach, die

schrieen und sprachen: Ach, du Sohn Davids, erbarme dich unser!

28 Und da er heimkam, traten die Blinden zu ihm. Und Jesus sprach zu ihnen: Glaubt ihr, daß ich euch solches tun kann? Da sprachen sie zu ihm: HERR, ja.

29 Da rührte er ihre Augen an und sprach: Euch geschehe nach eurem Glauben.

30 Und ihre Augen wurden geöffnet. Und Jesus bedrohte sie und sprach: Seht zu, daß es niemand erfahre!

31 Aber sie gingen aus und machten ihn ruchbar im selben ganzen Lande.

32 Da nun diese waren hinausgekommen, siehe, da brachten sie zu ihm einen Menschen, der war stumm und besessen.

33 Und da der Teufel war ausgetrieben, redete der Stumme. Und das Volk verwunderte sich und sprach: Solches ist noch nie in Israel gesehen worden.

34 Aber die Pharisäer sprachen: Er treibt die Teufel aus durch der Teufel Obersten.

35 Und Jesus ging umher in alle Städte und Märkte, lehrte in ihren Schulen und

predigte das Evangelium von dem Reich und heilte allerlei Seuche und allerlei Krankheit im Volke.

36 Und da er das Volk sah, jammerte ihn desselben; denn sie waren verschmachtet und zerstreut wie die Schafe, die keinen Hirten haben.

37 Da sprach er zu seinen Jüngern: Die Ernte ist groß, aber wenige sind der Arbeiter.

38 Darum bittet den HERRN der Ernte, daß er Arbeiter in seine Ernte sende.

10. Kapitel

Jesus sendet seine zwölf Apostel aus und erteilt ihnen ihre Vollmacht und Anweisung.

1 Und er rief seine zwölf Jünger zu sich und gab ihnen Macht über die unsauberen Geister, daß sie sie austrieben und heilten allerlei Seuche und allerlei Krankheit.

2 Die Namen aber der zwölf Apostel sind diese: der erste Simon, genannt Petrus,

und Andreas, sein Bruder; Jakobus, des Zebedäus Sohn, und Johannes, sein Bruder;

3 Philippus und Bartholomäus; Thomas und Matthäus, der Zöllner; Jakobus, des Alphäus Sohn, Lebbäus, mit dem Zunamen Thaddäus;

4 Simon von Kana und Judas Ischariot, welcher ihn verriet.

5 Diese zwölf sandte Jesus, gebot ihnen und sprach: Gehet nicht auf der Heiden Straße und ziehet nicht in der Samariter Städte,

6 sondern gehet hin zu den verlorenen Schafen aus dem Hause Israel.

7 Geht aber und predigt und sprecht: Das Himmelreich ist nahe herbeigekommen.

8 Macht die Kranken gesund, reinigt die Aussätzigen, weckt die Toten auf, treibt die Teufel aus. Umsonst habt ihr's empfangen, umsonst gebt es auch.

9 Ihr sollt nicht Gold noch Silber noch Erz in euren Gürteln haben,

10 auch keine Tasche zur Wegfahrt, auch nicht zwei Röcke, keine Schuhe, auch keinen Stecken. Denn ein Arbeiter

ist seiner Speise wert.

11 Wo ihr aber in eine Stadt oder einen Markt geht, da erkundigt euch, ob jemand darin sei, der es wert ist; und bei demselben bleibet, bis ihr von dannen zieht.

12 Wo ihr aber in ein Haus geht, so grüßt es;

13 und so es das Haus wert ist, wird euer Friede auf sie kommen. Ist es aber nicht wert, so wird sich euer Friede wieder zu euch wenden.

14 Und wo euch jemand nicht annehmen wird noch eure Rede hören, so geht heraus von demselben Haus oder der Stadt und schüttelt den Staub von euren Füßen.

15 Wahrlich ich sage euch: Dem Lande der Sodomer und Gomorrer wird es erträglicher gehen am Jüngsten Gericht denn solcher Stadt.

16 Siehe, ich sende euch wie Schafe mitten unter die Wölfe; darum seid klug wie die Schlangen und ohne Falsch wie die Tauben.

17 Hütet euch vor den Menschen; denn sie werden euch überantworten vor ihre

Rathäuser und werden euch geißeln in ihren Schulen.

18 Und man wird euch vor Fürsten und Könige führen um meinetwillen, zum Zeugnis über sie und über die Heiden.

19 Wenn sie euch nun überantworten werden, so sorget nicht, wie oder was ihr reden sollt; denn es soll euch zu der Stunde gegeben werden, was ihr reden sollt.

20 Denn ihr seid es nicht, die da reden, sondern eures Vaters Geist ist es, der durch euch redet.

21 Es wird aber ein Bruder den andern zum Tod überantworten und der Vater den Sohn, und die Kinder werden sich empören wider die Eltern und ihnen zum Tode helfen.

22 Und ihr müsset gehaßt werden von jedermann um meines Namens willen. Wer aber bis an das Ende beharrt, der wird selig.

23 Wenn sie euch aber in einer Stadt verfolgen, so flieht in eine andere. Wahrlich ich sage euch: Ihr werdet mit den Städten Israels nicht zu Ende kommen, bis des Menschen Sohn kommt.

24 Der Jünger ist nicht über seinen Meister noch der Knecht über den Herrn.

25 Es ist dem Jünger genug, daß er sei wie sein Meister und der Knecht wie sein Herr. Haben sie den Hausvater Beelzebub geheißen, wie viel mehr werden sie seine Hausgenossen also heißen!

26 So fürchtet euch denn nicht vor ihnen. Es ist nichts verborgen, das es nicht offenbar werde, und ist nichts heimlich, das man nicht wissen werde.

27 Was ich euch sage in der Finsternis, das redet im Licht; und was ihr hört in das Ohr, das predigt auf den Dächern.

28 Und fürchtet euch nicht vor denen, die den Leib töten, und die Seele nicht können töten; fürchtet euch aber vielmehr vor dem, der Leib und Seele verderben kann in der Hölle.

29 Kauft man nicht zwei Sperlinge um einen Pfennig? Dennoch fällt deren keiner auf die Erde ohne euren Vater.

30 Nun aber sind auch eure Haare auf dem Haupte alle gezählt.

31 So fürchtet euch denn nicht; ihr seid besser als viele Sperlinge.

32 Wer nun mich bekennet vor den Menschen, den will ich bekennen vor meinem himmlischen Vater.

33 Wer mich aber verleugnet vor den Menschen, den will ich auch verleugnen vor meinem himmlischen Vater.

34 Ihr sollt nicht wähnen, daß ich gekommen sei, Frieden zu senden auf die Erde. Ich bin nicht gekommen, Frieden zu senden, sondern das Schwert.

35 Denn ich bin gekommen, den Menschen zu erregen gegen seinen Vater und die Tochter gegen ihre Mutter und die Schwiegertochter gegen ihre Schwiegermutter.

36 Und des Menschen Feinde werden seine eigenen Hausgenossen sein.

37 Wer Vater oder Mutter mehr liebt denn mich, der ist mein nicht wert; und wer Sohn oder Tochter mehr liebt denn mich, der ist mein nicht wert.

38 Und wer nicht sein Kreuz auf sich nimmt und folgt mir nach, der ist mein nicht wert.

39 Wer sein Leben findet, der wird's verlieren; und wer sein Leben verliert um meinetwillen, der wird's finden.

40 Wer euch aufnimmt, der nimmt mich auf; und wer mich aufnimmt, der nimmt den auf, der mich gesandt hat.

41 Wer einen Propheten aufnimmt in eines Propheten Namen, der wird eines Propheten Lohn empfangen. Wer einen Gerechten aufnimmt in eines Gerechten Namen, der wird eines Gerechten Lohn empfangen.

42 Und wer dieser Geringsten einen nur mit einem Becher kalten Wassers tränkt in eines Jüngers Namen, wahrlich ich sage euch: es wird ihm nicht unbelohnt bleiben.

11. Kapitel

Anfrage des Täufers und Jesu Zeugnis von ihm. Wehe über die unbußfertigen Städte. Lobpreisungen des Vaters. Einladung der Mühseligen.

1 Und es begab sich, da Jesus solch Gebot an seine zwölf Jünger vollendet hatte, ging er von da weiter, zu lehren und zu predigen in ihren Städten.

2 Da aber Johannes im Gefängnis die Werke Christi hörte, sandte er seiner Jünger zwei

3 und ließ ihm sagen: Bist du, der da kommen soll, oder sollen wir eines anderen warten?

4 Jesus antwortete und sprach zu ihnen: Gehet hin und saget Johannes wieder, was ihr sehet und höret:

5 die Blinden sehen und die Lahmen gehen, die Aussätzigen werden rein und die Tauben hören, die Toten stehen auf und den Armen wird das Evangelium gepredigt;

6 und selig ist, der sich nicht an mir ärgert.

7 Da die hingingen, fing Jesus an, zu reden zu dem Volk von Johannes: Was seid ihr hinausgegangen in die Wüste zu sehen? Wolltet ihr ein Rohr sehen, das der Wind hin und her bewegt?

8 Oder was seid ihr hinausgegangen zu sehen? Wolltet ihr einen Menschen in weichen Kleidern sehen? Siehe, die da weiche Kleider tragen, sind in der Könige Häusern.

9 Oder was seid ihr hinausgegangen zu sehen? Wolltet ihr einen Propheten sehen? Ja, ich sage euch, der auch mehr ist denn ein Prophet.

10 Denn dieser ist's, von dem geschrieben steht: "Siehe, ich sende meinen Engel vor dir her, der deinen Weg vor dir bereiten soll."

11 Wahrlich ich sage euch: Unter allen, die von Weibern geboren sind, ist nicht aufgekommen, der größer sei denn Johannes der Täufer; der aber der Kleinste ist im Himmelreich, ist größer denn er.

12 Aber von den Tagen Johannes des Täufers bis hierher leidet das Himmelreich Gewalt, und die Gewalt tun, die reißen es an sich.

13 Denn alle Propheten und das Gesetz haben geweissagt bis auf Johannes.

14 Und (so ihr's wollt annehmen) er ist Elia, der da soll zukünftig sein.

15 Wer Ohren hat, zu hören, der höre!

16 Wem soll ich aber dies Geschlecht vergleichen? Es ist den Kindlein gleich, die an dem Markt sitzen und rufen gegen ihre Gesellen

17 und sprechen: Wir haben euch gepfiffen, und ihr wolltet nicht tanzen; wir haben euch geklagt, und ihr wolltet nicht weinen.

18 Johannes ist gekommen, aß nicht und trank nicht; so sagen sie: Er hat den Teufel.

19 Des Menschen Sohn ist gekommen, ißt und trinkt; so sagen sie: Siehe, wie ist der Mensch ein Fresser und ein Weinsäufer, der Zöllner und der Sünder Geselle! Und die Weisheit muß sich rechtfertigen lassen von ihren Kindern.

20 Da fing er an, die Städte zu schelten, in welchen am meisten seiner Taten geschehen waren, und hatten sich doch nicht gebessert:

21 Wehe dir Chorazin! Weh dir, Bethsaida! Wären solche Taten zu Tyrus und Sidon geschehen, wie bei euch geschehen sind, sie hätten vorzeiten im Sack und in der Asche Buße getan.

22 Doch ich sage euch: Es wird Tyrus und Sidon erträglicher gehen am Jüngsten Gericht als euch.

23 Und du, Kapernaum, die du bist erhoben bis an den Himmel, du wirst bis

in die Hölle hinuntergestoßen werden. Denn so zu Sodom die Taten geschehen wären, die bei euch geschehen sind, sie stände noch heutigestages.

24 Doch ich sage euch, es wird dem Sodomer Lande erträglicher gehen am Jüngsten Gericht als dir.

25 Zu der Zeit antwortete Jesus und sprach: Ich preise dich, Vater und HERR des Himmels und der Erde, daß du solches den Weisen und Klugen verborgen hast und hast es den Unmündigen offenbart.

26 Ja, Vater; denn es ist also wohlgefällig gewesen vor dir.

27 Alle Dinge sind mir übergeben von meinem Vater. Und niemand kennet den Sohn denn nur der Vater; und niemand kennet den Vater denn nur der Sohn und wem es der Sohn will offenbaren.

28 Kommet her zu mir alle, die ihr mühselig und beladen seid; ich will euch erquicken.

29 Nehmet auf euch mein Joch und lernet von mir; denn ich bin sanftmütig und von Herzen demütig; so werdet ihr Ruhe finden für eure Seelen.

30 Denn mein Joch ist sanft, und meine Last ist leicht.

12. Kapitel

Christus verteidigt das Ährenausraufen und Heilen am Sabbat, heilt einen Besessenen, bestraft die Geisteslästerung der Pharisäer, weist die Zeichenforderung ab und zeigt, wer sein wahrer Verwandter sei.

1 Zu der Zeit ging Jesus durch die Saat am Sabbat; und seine Jünger waren hungrig, fingen an, Ähren auszuraufen, und aßen.

2 Da das die Pharisäer sahen, sprachen sie zu ihm: Siehe, deine Jünger tun, was sich nicht ziemt am Sabbat zu tun.

3 Er aber sprach zu ihnen: Habt ihr nicht gelesen, was David tat, da ihn und die mit ihm waren, hungerte?

4 wie er in das Gotteshaus ging und aß die Schaubrote, die ihm doch nicht ziemte zu essen noch denen, die mit ihm waren, sondern allein den Priestern?

5 Oder habt ihr nicht gelesen im Gesetz,

wie die Priester am Sabbat im Tempel den Sabbat brechen und sind doch ohne Schuld?

6 Ich sage aber euch, daß hier der ist, der auch größer ist denn der Tempel.

7 Wenn ihr aber wüßtet, was das sei: "Ich habe Wohlgefallen an der Barmherzigkeit und nicht am Opfer", hättet ihr die Unschuldigen nicht verdammt.

8 Des Menschen Sohn ist ein HERR auch über den Sabbat.

9 Und er ging von da weiter und kam in ihre Schule.

10 Und siehe, da war ein Mensch, der hatte eine verdorrte Hand. Und sie fragten ihn und sprachen: Ist's auch recht, am Sabbat heilen? auf daß sie eine Sache gegen ihn hätten.

11 Aber er sprach zu ihnen: Wer ist unter euch, so er ein Schaf hat, das ihm am Sabbat in eine Grube fällt, der es nicht ergreife und aufhebe?

12 Wie viel besser ist nun ein Mensch denn ein Schaf! Darum mag man wohl am Sabbat Gutes tun.

13 Da sprach er zu dem Menschen:

Strecke deine Hand aus! Und er streckte sie aus; und sie ward ihm wieder gesund gleichwie die andere.

14 Da gingen die Pharisäer hinaus und hielten einen Rat über ihn, wie sie ihn umbrächten.

15 Aber da Jesus das erfuhr, wich er von dannen. Und ihm folgte viel Volks nach, und er heilte sie alle

16 und bedrohte sie, daß sie ihn nicht meldeten,

17 auf das erfüllet würde, was gesagt ist von dem Propheten Jesaja, der da spricht:

18 "Siehe, das ist mein Knecht, den ich erwählt habe, und mein Liebster, an dem meine Seele Wohlgefallen hat; Ich will meinen Geist auf ihn legen, und er soll den Heiden das Gericht verkünden.

19 Er wird nicht zanken noch schreien, und man wird sein Geschrei nicht hören auf den Gassen;

20 das zerstoßene Rohr wird er nicht zerbrechen, und den glimmenden Docht wird er nicht auslöschen, bis daß er ausführe das Gericht zum Sieg;

21 und die Heiden werden auf seinen Namen hoffen."

22 Da ward ein Besessener zu ihm gebracht, der ward blind und stumm; und er heilte ihn, also daß der Blinde und Stumme redete und sah.

23 Und alles Volk entsetzte sich und sprach: Ist dieser nicht Davids Sohn?

24 Aber die Pharisäer, da sie es hörten, sprachen sie: Er treibt die Teufel nicht anders aus denn durch Beelzebub, der Teufel Obersten.

25 Jesus kannte aber ihre Gedanken und sprach zu ihnen: Ein jegliches Reich, so es mit sich selbst uneins wird, das wird wüst; und eine jegliche Stadt oder Haus, so es mit sich selbst uneins wird, kann's nicht bestehen.

26 So denn ein Satan den andern austreibt, so muß er mit sich selbst uneins sein; wie kann denn sein Reich bestehen?

27 So ich aber die Teufel durch Beelzebub austreibe, durch wen treiben sie eure Kinder aus? Darum werden sie eure Richter sein.

28 So ich aber die Teufel durch den Geist Gottes austreibe, so ist ja das Reich Gottes zu euch gekommen. [Wenn ich aber die bösen Geister durch *einen* Geist

Gottes austreibe, so ist ja das Reich Gottes zu euch gekommen. (3)]

29 Oder wie kann jemand in eines Starken Haus gehen und ihm seinen Hausrat rauben, es sei denn, daß er zuvor den Starken binde und alsdann ihm sein Haus beraube?

30 Wer nicht mit mir ist, der ist wider mich; und wer nicht mit mir sammelt, der zerstreut.

31 Darum sage ich euch: Alle Sünde und Lästerung wird den Menschen vergeben; aber die Lästerung wider den Geist wird den Menschen nicht vergeben.

32 Und wer etwas redet wider des Menschen Sohn, dem wird es vergeben; aber wer etwas redet wider den Heiligen Geist, dem wird's nicht vergeben, weder in dieser noch in jener Welt.

33 Setzt entweder einen guten Baum, so wird die Frucht gut; oder setzt einen faulen Baum, so wird die Frucht faul. Denn an der Frucht erkennt man den Baum.

34 Ihr Otterngezüchte, wie könnt ihr Gutes reden, dieweil ihr böse seid? Wes das Herz voll ist, des geht der Mund über.

35 Ein guter Mensch bringt Gutes hervor

aus seinem guten Schatz des Herzens; und ein böser Mensch bringt Böses hervor aus seinem bösen Schatz.

36 Ich sage euch aber, daß die Menschen müssen Rechenschaft geben am Jüngsten Gericht von einem jeglichen unnützen Wort, das sie geredet haben.

37 Aus deinen Worten wirst du gerechtfertigt werden, und aus deinen Worten wirst du verdammt werden.

38 Da antworteten etliche unter den Schriftgelehrten und Pharisäern und sprachen: Meister, wir wollten gern ein Zeichen von dir sehen.

39 Und er antwortete und sprach zu ihnen: Die böse und ehebrecherische Art sucht ein Zeichen; und es wird ihr kein Zeichen gegeben werden denn das Zeichen des Propheten Jona.

40 Denn gleichwie Jona war drei Tage und drei Nächte in des Walfisches Bauch, also wird des Menschen Sohn drei Tage und drei Nächte mitten in der Erde sein.

41 Die Leute von Ninive werden auftreten am Jüngsten Gericht mit diesem Geschlecht und werden es verdammen; denn sie taten Buße nach der Predigt des

Jona. Und siehe, hier ist mehr denn Jona.

42 Die Königin von Mittag wird auftreten am Jüngsten Gericht mit diesem Geschlecht und wird es verdammen; denn sie kam vom Ende der Erde, Salomons Weisheit zu hören. Und siehe, hier ist mehr denn Salomo.

43 Wenn der unsaubere Geist von dem Menschen ausgefahren ist, so durchwandelt er dürre Stätten, sucht Ruhe, und findet sie nicht.

44 Da spricht er denn: Ich will wieder umkehren in mein Haus, daraus ich gegangen bin. Und wenn er kommt, so findet er's leer, gekehrt und geschmückt.

45 So geht er hin und nimmt zu sich sieben andere Geister, die ärger sind denn er selbst; und wenn sie hineinkommen, wohnen sie allda; und es wird mit demselben Menschen hernach ärger, denn es zuvor war. Also wird's auch diesem argen Geschlecht gehen.

46 Da er noch also zu dem Volk redete, siehe, da standen seine Mutter und seine Brüder draußen, die wollten mit ihm reden.

47 Da sprach einer zu ihm: Siehe, deine

Mutter und deine Brüder stehen draußen und wollen mit dir reden.

48 Er antwortete aber und sprach zu dem, der es ihm ansagte: Wer ist meine Mutter, und wer sind meine Brüder?

49 Und er reckte die Hand aus über seine Jünger und sprach: Siehe da, das ist meine Mutter und meine Brüder!

50 Denn wer den Willen tut meines Vaters im Himmel, der ist mein Bruder, Schwester und Mutter.

13. Kapitel

*Sieben Gleichnisse vom Reiche Gottes.
Jesus in seiner Vaterschaft verachtet.*

1 An demselben Tage ging Jesus aus dem Hause und setzte sich an das Meer.

2 Und es versammelte sich viel Volks zu ihm, also daß er in das Schiff trat und saß, und alles Volk stand am Ufer.

3 Und er redete zu ihnen mancherlei durch Gleichnisse und sprach: Siehe, es ging ein Säemann aus, zu säen.

4 Und indem er säte, fiel etliches an den

Weg; da kamen die Vögel und fraßen's auf.

5 Etliches fiel in das Steinige, wo es nicht viel Erde hatte; und ging bald auf, darum daß es nicht tiefe Erde hatte.

6 Als aber die Sonne aufging, verwelkte es, und dieweil es nicht Wurzel hatte, ward es dürre.

7 Etliches fiel unter die Dornen; und die Dornen wuchsen auf und erstickten's.

8 Etliches fiel auf gutes Land und trug Frucht, etliches hundertfältig, etliches sechzigfältig, etliches dreißigfältig.

9 Wer Ohren hat zu hören, der höre!

10 Und die Jünger traten zu ihm und sprachen: Warum redest du zu ihnen durch Gleichnisse?

11 Er antwortete und sprach: Euch ist es gegeben, daß ihr das Geheimnis des Himmelreichs verstehet; diesen aber ist es nicht gegeben.

12 Denn wer da hat, dem wird gegeben, daß er die Fülle habe; wer aber nicht hat, von dem wird auch das genommen was er hat.

13 Darum rede ich zu ihnen durch Gleichnisse. Denn mit sehenden Augen

sehen sie nicht, und mit hörenden Ohren hören sie nicht; denn sie verstehen es nicht.

14 Und über ihnen wird die Weissagung Jesaja's erfüllt, die da sagt: "Mit den Ohren werdet ihr hören, und werdet es nicht verstehen; und mit sehenden Augen werdet ihr sehen, und werdet es nicht verstehen.

15 Denn dieses Volkes Herz ist verstockt, und ihre Ohren hören übel, und ihre Augen schlummern, auf daß sie nicht dermaleinst mit den Augen sehen und mit den Ohren hören und mit dem Herzen verstehen und sich bekehren, daß ich ihnen hülfe."

16 Aber selig sind eure Augen, daß sie sehen, und eure Ohren, daß sie hören.

17 Wahrlich ich sage euch: Viele Propheten und Gerechte haben begehrt zu sehen, was ihr sehet, und haben's nicht gesehen, und zu hören, was ihr höret, und haben's nicht gehört.

18 So hört nun ihr dieses Gleichnis von dem Säemann:

19 Wenn jemand das Wort von dem Reich hört und nicht versteht, so kommt

der Arge und reißt hinweg, was da gesät ist in sein Herz; und das ist der, bei welchem an dem Wege gesät ist.

20 Das aber auf das Steinige gesät ist, das ist, wenn jemand das Wort hört und es alsbald aufnimmt mit Freuden;

21 aber er hat nicht Wurzel in sich, sondern ist wetterwendisch; wenn sich Trübsal und Verfolgung erhebt um des Wortes willen, so ärgert er sich alsbald.

22 Das aber unter die Dornen gesät ist, das ist, wenn jemand das Wort hört, und die Sorge dieser Welt und der Betrug des Reichtums erstickt das Wort, und er bringt nicht Frucht.

23 Das aber in das gute Land gesät ist, das ist, wenn jemand das Wort hört und versteht es und dann auch Frucht bringt; und etlicher trägt hundertfältig, etlicher aber sechzigfältig, etlicher dreißigfältig.

24 Er legte ihnen ein anderes Gleichnis vor und sprach: Das Himmelreich ist gleich einem Menschen, der guten Samen auf seinen Acker säte.

25 Da aber die Leute schliefen, kam sein Feind und säte Unkraut zwischen den Weizen und ging davon.

26 Da nun das Kraut wuchs und Frucht brachte, da fand sich auch das Unkraut.

27 Da traten die Knechte zu dem Hausvater und sprachen: Herr, hast du nicht guten Samen auf deinen Acker gesät? Woher hat er denn das Unkraut?

28 Er sprach zu ihnen: Das hat der Feind getan. Da sagten die Knechte: Willst du das wir hingehen und es ausjäten?

29 Er sprach: Nein! auf daß ihr nicht zugleich den Weizen mit ausraufet, so ihr das Unkraut ausjätet.

30 Lasset beides miteinander wachsen bis zur Ernte; und um der Ernte Zeit will ich zu den Schnittern sagen: Sammelt zuvor das Unkraut und bindet es in Bündlein, daß man es verbrenne; aber den Weizen sammelt mir in meine Scheuer.

31 Ein anderes Gleichnis legte er ihnen vor und sprach: Das Himmelreich ist gleich einem Senfkorn, das ein Mensch nahm und säte es auf seinen Acker;

32 welches ist das kleinste unter allem Samen; wenn er erwächst, so ist es das größte unter dem Kohl und wird ein Baum, daß die Vögel unter dem Himmel

kommen und wohnen unter seinen Zweigen.

33 Ein anderes Gleichnis redete er zu ihnen: Das Himmelreich ist gleich einem Sauerteig, den ein Weib nahm und unter drei Scheffel Mehl vermengte, bis es ganz durchsäuert ward.

34 Solches alles redete Jesus durch Gleichnisse [Sinnbilder (4)] zu dem Volk, und ohne Gleichnis (5) redete er nicht zu ihnen,

35 auf das erfüllet würde, was gesagt ist durch den Propheten, der da spricht: Ich will meinen Mund auftun in Gleichnissen (6) und will aussprechen die Heimlichkeiten von Anfang der Welt.

36 Da ließ Jesus das Volk von sich und kam heim. Und seine Jünger traten zu ihm und sprachen: Deute uns das Geheimnis vom Unkraut auf dem Acker.

37 Er antwortete und sprach zu ihnen: Des Menschen Sohn ist's, der da Guten Samen sät.

38 Der Acker ist die Welt. Der gute Same sind die Kinder des Reiches. Das Unkraut sind die Kinder der Bosheit.

39 Der Feind, der sie sät, ist der Teufel. Die Ernte ist das Ende der Welt. Die Schnitter sind die Engel.

40 Gleichwie man nun das Unkraut ausjätet und mit Feuer verbrennt, so wird's auch am Ende dieser Welt gehen:

41 des Menschen Sohn wird seine Engel senden; und sie werden sammeln aus seinem Reich alle Ärgernisse und die da unrecht tun,

42 und werden sie in den Feuerofen werfen; da wird sein Heulen und Zähneklappen.

43 Dann werden die Gerechten leuchten wie die Sonne in ihres Vaters Reich. Wer Ohren hat zu hören, der höre!

44 Abermals ist gleich das Himmelreich einem verborgenem Schatz im Acker, welchen ein Mensch fand und verbarg ihn und ging hin vor Freuden über denselben und verkaufte alles, was er hatte, und kaufte den Acker.

45 Abermals ist gleich das Himmelreich einem Kaufmann, der gute Perlen suchte.

46 Und da er eine köstliche Perle fand, ging er hin und verkaufte alles, was er hatte, und kaufte sie.

47 Abermals ist gleich das Himmelreich einem Netze, das ins Meer geworfen ist, womit man allerlei Gattung fängt.

48 Wenn es aber voll ist, so ziehen sie es heraus an das Ufer, sitzen und lesen die guten in ein Gefäß zusammen; aber die faulen werfen sie weg.

49 Also wird es auch am Ende der Welt gehen: die Engel werden ausgehen und die Bösen von den Gerechten scheiden

50 und werden sie in den Feuerofen werfen; da wird Heulen und Zähne- klappen sein.

51 Und Jesus sprach zu ihnen: Habt ihr das alles verstanden? Sie sprachen: Ja, HERR.

52 Da sprach er: Darum ein jeglicher Schriftgelehrter, zum Himmelreich gelehrt, ist gleich einem Hausvater, der aus seinem Schatz Neues und Altes hervorträgt.

53 Und es begab sich, da Jesus diese Gleichnisse vollendet hatte, ging er von dannen

54 und kam in seine Vaterstadt und lehrte sie in ihrer Schule, also auch, daß sie sich entsetzten und sprachen: Woher

kommt diesem solche Weisheit und Taten?

55 Ist er nicht eines Zimmermann's Sohn? Heißt nicht seine Mutter Maria? und seine Brüder Jakob und Joses und Simon und Judas?

56 Und seine Schwestern, sind sie nicht alle bei uns? Woher kommt ihm denn das alles?

57 Und sie ärgerten sich an ihm. Jesus aber sprach zu ihnen: Ein Prophet gilt nirgend weniger denn in seinem Vaterland und in seinem Hause.

58 Und er tat daselbst nicht viel Zeichen um ihres Unglaubens willen.

14. Kapitel

Enthauptung des Täufers Johannes, Jesus speist 5000 Mann, wandelt auf dem Meere, hilft dem sinkenden Petrus, heilt alle, die ihn anrühren.

1 Zu der Zeit kam das Gerücht von Jesu vor den Vierfürsten Herodes.

2 Und er sprach zu seinen Knechten:

Dieser ist Johannes der Täufer; er ist von den Toten auferstanden, darum tut er solche Taten.

3 Denn Herodes hatte Johannes gegriffen und in das Gefängnis gelegt wegen der Herodias, seines Bruders Philippus Weib.

4 Denn Johannes hatte zu ihm gesagt: Es ist nicht recht, daß du sie habest.

5 Und er hätte ihn gern getötet, fürchtete sich aber vor dem Volk; denn sie hielten ihn für einen Propheten.

6 Da aber Herodes seinen Jahrestag beging, da tanzte die Tochter der Herodias vor ihnen. Das gefiel Herodes wohl.

7 Darum verhieß er ihr mit einem Eide, er wollte ihr geben, was sie fordern würde.

8 Und wie sie zuvor von ihrer Mutter angestiftet war, sprach sie: Gib mir her auf einer Schüssel das Haupt Johannes des Täufers!

9 Und der König ward traurig; doch um des Eides willen und derer, die mit ihm zu Tische saßen, befahl er's ihr zu geben.

10 Und schickte hin und enthauptete

Johannes im Gefängnis.

11 Und sein Haupt ward hergetragen in einer Schüssel und dem Mägdlein gegeben; und sie brachte es ihrer Mutter.

12 Da kamen seine Jünger und nahmen seinen Leib und begruben ihn; und kamen und verkündigten das Jesus.

13 Da das Jesus hörte, wich er von dannen auf einem Schiff in eine Wüste allein. Und da das Volk das hörte, folgte es ihm nach zu Fuß aus den Städten.

14 Und Jesus ging hervor und sah das große Volk; und es jammerte ihn derselben, und er heilte ihre Kranken.

15 Am Abend aber traten seine Jünger zu ihm und sprachen: Dies ist eine Wüste, und die Nacht fällt herein; Laß das Volk von dir, daß sie hin in die Märkte gehen und sich Speise kaufen.

16 Aber Jesus sprach zu ihnen: Es ist nicht not, daß sie hingehen; gebt ihr ihnen zu essen.

17 Sie sprachen: Wir haben hier nichts denn fünf Brote und zwei Fische.

18 Und er sprach: Bringet sie mir her.

19 Und er hieß das Volk sich lagern auf das Gras und nahm die fünf Brote und die

zwei Fische, sah auf zum Himmel und dankte und brach's und gab die Brote den Jüngern, und die Jünger gaben sie dem Volk.

20 Und sie aßen alle und wurden satt und hoben auf, was übrigblieb von Brocken, zwölf Körbe voll.

21 Die aber gegessen hatten, waren bei fünftausend Mann, ohne Weiber und Kinder.

22 Und alsbald trieb Jesus seine Jünger, daß sie in das Schiff traten und vor ihm herüberfuhren, bis er das Volk von sich ließe.

23 Und da er das Volk von sich gelassen hatte, stieg er auf einen Berg allein, daß er betete. Und am Abend war er allein daselbst.

24 Und das Schiff war schon mitten auf dem Meer und litt Not von den Wellen; denn der Wind war ihnen zuwider.

25 Aber in der vierten Nachtwache kam Jesus zu ihnen und ging auf dem Meer.

26 Und da ihn die Jünger sahen auf dem Meer gehen, erschraken sie und sprachen: Es ist ein Gespenst! und schrieen vor Furcht.

27 Aber alsbald redete Jesus mit ihnen und sprach: Seid getrost, Ich bin's; fürchtet euch nicht!

28 Petrus aber antwortete ihm und sprach: HERR, bist du es, so heiß mich zu dir kommen auf dem Wasser.

29 Und er sprach: Komm her! Und Petrus trat aus dem Schiff und ging auf dem Wasser, daß er zu Jesu käme.

30 Er sah aber einen starken Wind; da erschrak er und hob an zu sinken, schrie und sprach: HERR, hilf mir!

31 Jesus reckte alsbald die Hand aus und ergriff ihn und sprach zu ihm: O du Kleingläubiger, warum zweifeltest du?

32 Und sie traten in das Schiff, und der Wind legte sich.

33 Die aber im Schiff waren, kamen und fielen vor ihm nieder und sprachen: Du bist wahrlich Gottes Sohn!

34 Und sie schifften hinüber und kamen in das Land Genezareth.

35 Und da die Leute am selbigen Ort sein gewahr wurden, schickten sie aus in das ganze Land umher und brachten allerlei Ungesunde zu ihm

36 und baten ihn, daß sie nur seines

Kleides Saum anrührten. Und alle, die ihn anrührten, wurden gesund.

15. Kapitel

Menschensatzungen verworfen. Das kanaanäische Weib erhört. Kranke geheilt. 4000 Mann gespeist.

1 Da kamen zu ihm die Schriftgelehrten und Pharisäer von Jerusalem und sprachen:

2 Warum übertreten deine Jünger der Ältesten Aufsätze? Sie waschen ihre Hände nicht, wenn sie Brot essen.

3 Er antwortete und sprach zu ihnen: Warum übertretet denn ihr Gottes Gebot um eurer Aufsätze willen?

4 Gott hat geboten: "Du sollst Vater und Mutter ehren; wer Vater und Mutter flucht, der soll des Todes sterben."

5 Ihr aber lehret: Wer zum Vater oder Mutter spricht: "Es ist Gott gegeben, was dir sollte von mir zu Nutz kommen", der tut wohl.

6 Damit geschieht es, daß niemand

hinfort seinen Vater oder seine Mutter ehrt, und also habt ihr Gottes Gebot aufgehoben um eurer Aufsätze willen.

7 Ihr Heuchler, wohl fein hat Jesaja von euch geweissagt und gesprochen:

8 "Dies Volk naht sich zu mir mit seinem Munde und ehrt mich mit seinen Lippen, aber ihr Herz ist fern von mir;

9 aber vergeblich dienen sie mir, dieweil sie lehren solche Lehren, die nichts denn Menschengebote sind."

10 Und er rief das Volk zu sich und sprach zu ihm: Höret zu und fasset es!

11 Was zum Munde eingeht, das verunreinigt den Menschen nicht; sondern was zum Munde ausgeht, das verunreinigt den Menschen.

12 Da traten seine Jünger zu ihm und sprachen: Weißt du auch, daß sich die Pharisäer ärgerten, da sie das Wort hörten?

13 Aber er antwortete und sprach: Alle Pflanzen, die mein himmlischer Vater nicht pflanzte, die werden ausgereutet.

14 Lasset sie fahren! Sie sind blinde Blindenleiter. Wenn aber ein Blinder den andern leitet, so fallen sie beide in die

Grube.

15 Da antwortete Petrus und sprach zu ihm: Deute uns dieses Gleichnis.

16 Und Jesus sprach zu ihnen: Seid ihr denn auch noch unverständig?

17 Merket ihr noch nicht, daß alles, was zum Munde eingeht, das geht in den Bauch und wird durch den natürlichen Gang ausgeworfen?

18 Was aber zum Munde herausgeht, das kommt aus dem Herzen, und das verunreinigt den Menschen.

19 Denn aus dem Herzen kommen arge Gedanken: Mord, Ehebruch, Hurerei, Dieberei, falsch Zeugnis, Lästerung.

20 Das sind Stücke, die den Menschen verunreinigen. Aber mit ungewaschenen Händen essen verunreinigt den Menschen nicht.

21 Und Jesus ging aus von dannen und entwich in die Gegend von Tyrus und Sidon.

22 Und siehe, ein kanaanäisches Weib kam aus derselben Gegend und schrie ihm nach und sprach: Ach HERR, du Sohn Davids, erbarme dich mein! Meine Tochter wird vom Teufel übel geplagt.

23 Und er antwortete ihr kein Wort. Da traten zu ihm seine Jünger, baten ihn und sprachen: Laß sie doch von dir, denn sie schreit uns nach.

24 Er antwortete aber und sprach: Ich bin nicht gesandt denn nur zu den verlorenen Schafen von dem Hause Israel.

25 Sie kam aber und fiel vor ihm nieder und sprach: HERR, hilf mir!

26 Aber er antwortete und sprach: Es ist nicht fein, daß man den Kindern ihr Brot nehme und werfe es vor die Hunde.

27 Sie sprach: Ja, HERR; aber doch essen die Hündlein von den Brosamlein, die von ihrer Herren Tisch fallen.

28 Da antwortete Jesus und sprach zu ihr: O Weib, dein Glaube ist groß! Dir geschehe, wie du willst. Und ihre Tochter ward gesund zu derselben Stunde.

29 Und Jesus ging von da weiter und kam an das Galiläische Meer und ging auf einen Berg und setzte sich allda.

30 Und es kam zu ihm viel Volks, die hatten mit sich Lahme, Blinde, Stumme, Krüppel und viele andere und warfen sie Jesu vor die Füße, und er heilte sie,

31 daß sich das Volk verwunderte, da sie sahen, daß die Stummen redeten, die Krüppel gesund waren, die Lahmen gingen, die Blinden sahen; und sie priesen den Gott Israels.

32 Und Jesus rief seine Jünger zu sich und sprach: Es jammert mich des Volks; denn sie beharren nun wohl drei Tage bei mir und haben nichts zu essen; und ich will sie nicht ungegessen von mir lassen, auf daß sie nicht verschmachten auf dem Wege.

33 Da sprachen seine Jünger zu ihm: Woher mögen wir so viel Brot nehmen in der Wüste, daß wir so viel Volks sättigen?

34 Und Jesus sprach zu ihnen: Wie viel Brote habt ihr? Sie sprachen: Sieben und ein wenig Fischlein.

35 Und er hieß das Volk sich lagern auf die Erde

36 und nahm die sieben Brote und die Fische, dankte, brach sie und gab sie seinen Jüngern; und die Jünger gaben sie dem Volk.

37 Und sie aßen alle und wurden satt; und hoben auf, was übrig blieb von Brocken, sieben Körbe voll.

38 Und die da gegessen hatten, derer waren viertausend Mann, ausgenommen Weiber und Kinder.

39 Und da er das Volk hatte von sich gelassen, trat er in ein Schiff und kam in das Gebiet Magdalas.

16. Kapitel

Der Pharisäer Zeichenforderung und Sauerteig. Des Petrus Bekenntnis und Schlüssel. Erste Leidenverkündigung. Nachfolge Christi.

1 Da traten die Pharisäer und Sadduzäer zu ihm; die versuchten ihn und forderten, daß er sie ein Zeichen vom Himmel sehen ließe.

2 Aber er antwortete und sprach: Des Abends sprecht ihr: Es wird ein schöner Tag werden, denn der Himmel ist rot;

3 und des Morgens sprecht ihr: Es wird heute Ungewitter sein, denn der Himmel ist rot und trübe. Ihr Heuchler! Über des Himmels Gestalt könnt ihr urteilen; könnt ihr denn nicht auch über die Zeichen

dieser Zeit urteilen?

4 Diese böse und ehebrecherische Art sucht ein Zeichen; und soll ihr kein Zeichen gegeben werden denn das Zeichen des Propheten Jona. Und er ließ sie und ging davon.

5 Und da seine Jünger waren hinübergefahren, hatten sie vergessen, Brot mit sich zu nehmen.

6 Jesus aber sprach zu ihnen: Sehet zu und hütet euch vor dem Sauerteig der Pharisäer und Sadduzäer!

7 Da dachten sie bei sich selbst und sprachen: Das wird's sein, daß wir nicht haben Brot mit uns genommen.

8 Da das Jesus merkte, sprach er zu ihnen: Ihr Kleingläubigen, was bekümmert ihr euch doch, daß ihr nicht habt Brot mit euch genommen?

9 Vernehmet ihr noch nichts? Gedenket ihr nicht an die fünf Brote unter die fünftausend und wie viel Körbe ihr da aufhobt?

10 Auch nicht an die sieben Brote unter die viertausend und wie viel Körbe ihr da aufhobt?

11 Wie, versteht ihr denn nicht, daß ich

euch nicht sage vom Brot, wenn ich sage: Hütet euch vor dem Sauerteig der Pharisäer und Sadduzäer!

12 Da verstanden sie, daß er nicht gesagt hatte, daß sie sich hüten sollten vor dem Sauerteig des Brots, sondern vor der Lehre der Pharisäer und Sadduzäer.

13 Da kam Jesus in die Gegend der Stadt Cäsarea Philippi und fragte seine Jünger und sprach: Wer sagen die Leute, daß des Menschen Sohn sei?

14 Sie sprachen: Etliche sagen, du seist Johannes der Täufer; die andern, du seist Elia; etliche du seist Jeremia oder der Propheten einer.

15 Er sprach zu ihnen: Wer sagt denn ihr, daß ich sei?

16 Da antwortete Simon Petrus und sprach: Du bist Christus, des lebendigen Gottes Sohn!

17 Und Jesus antwortete und sprach zu ihm: Selig bist du, Simon, Jona's Sohn; denn Fleisch und Blut hat dir das nicht offenbart, sondern mein Vater im Himmel.

18 Und ich sage dir auch: Du bist Petrus, und auf diesen Felsen will ich bauen meine Gemeinde, und die Pforten der

Hölle sollen sie nicht überwältigen.

19 Und ich will dir des Himmelsreichs Schlüssel geben: alles, was du auf Erden binden wirst, soll auch im Himmel gebunden sein, und alles, was du auf Erden lösen wirst, soll auch im Himmel los sein.

20 Da verbot er seinen Jüngern, daß sie niemand sagen sollten, daß er, Jesus, der Christus wäre.

21 Von der Zeit an fing Jesus an und zeigte seinen Jüngern, wie er müßte hin gen Jerusalem gehen und viel leiden von den Ältesten und Hohenpriestern und Schriftgelehrten und getötet werden und am dritten Tage auferstehen.

22 Und Petrus nahm ihn zu sich, fuhr ihn an und sprach: HERR, schone dein selbst; das widerfahre dir nur nicht!

23 Aber er wandte sich um und sprach zu Petrus: Hebe dich, Satan, von mir! du bist mir ärgerlich; denn du meinst nicht was göttlich, sondern was menschlich ist.

24 Da sprach Jesus zu seinen Jüngern: Will mir jemand nachfolgen, der verleugne sich selbst und nehme sein Kreuz auf sich und folge mir.

25 Denn wer sein Leben erhalten will, der wird's verlieren; wer aber sein Leben verliert um meinetwillen, der wird's finden.

26 Was hülfe es dem Menschen, so er die ganze Welt gewönne und nähme Schaden an seiner Seele? Oder was kann der Mensch geben, damit er seine Seele wieder löse?

27 Denn es wird geschehen, daß des Menschen Sohn komme in der Herrlichkeit seines Vaters mit seinen Engeln; und alsdann wird er einem jeglichen vergelten nach seinen Werken.

28 Wahrlich ich sage euch: Es stehen etliche hier, die nicht schmecken werden den Tod, bis daß sie des Menschen Sohn kommen sehen in seinem Reich.

17. Kapitel

Christi Verklärung. Heilung eines Mondsüchtigen. Zweite Leidensverkündigung. Tempelsteuer.

1 Und nach sechs Tagen nahm Jesus zu

sich Petrus und Jakobus und Johannes, seinen Bruder, und führte sie beiseits auf einen hohen Berg.

2 Und er ward verklärt vor ihnen, und sein Angesicht leuchtete wie die Sonne, und seine Kleider wurden weiß wie ein Licht.

3 Und siehe, da erschienen ihnen Mose und Elia; die redeten mit ihm.

4 Petrus aber antwortete und sprach zu Jesu: HERR, hier ist gut sein! Willst du, so wollen wir hier drei Hütten machen: dir eine, Mose eine und Elia eine.

5 Da er noch also redete, siehe, da überschattete sie eine lichte Wolke. Und siehe, eine Stimme aus der Wolke sprach: Dies ist mein lieber Sohn, an welchem ich Wohlgefallen habe, den sollt ihr hören!

6 Da das die Jünger hörten, fielen sie auf ihr Angesicht und erschraken sehr.

7 Jesus aber trat zu ihnen, rührte sie an und sprach: Stehet auf und fürchtet euch nicht!

8 Da sie aber ihre Augen aufhoben, sahen sie niemand denn Jesum allein.

9 Und da sie vom Berge herabgingen, gebot ihnen Jesus und sprach: Ihr sollt

dies Gesicht niemand sagen, bis das des Menschen Sohn von den Toten auferstanden ist.

10 Und seine Jünger fragten ihn und sprachen: Was sagen denn die Schriftgelehrten, Elia müsse zuvor kommen?

11 Jesus antwortete und sprach zu ihnen: Elia soll ja zuvor kommen und alles zurechtbringen.

12 Doch ich sage euch: Es ist Elia schon gekommen, und sie haben ihn nicht erkannt, sondern haben an ihm getan, was sie wollten. Also wird auch des Menschen Sohn leiden müssen von ihnen.

13 Da verstanden die Jünger, daß er von Johannes dem Täufer zu ihnen geredet hatte.

14 Und da sie zu dem Volk kamen, trat zu ihm ein Mensch und fiel ihm zu Füßen

15 und sprach: HERR, erbarme dich über meinen Sohn! denn er ist mondsüchtig und hat ein schweres Leiden: er fällt oft ins Feuer und oft ins Wasser;

16 und ich habe ihn zu deinen Jüngern gebracht, und sie konnten ihm nicht helfen.

17 Jesus aber antwortete und sprach: O du ungläubige und verkehrte Art, wie lange soll ich bei euch sein? wie lange soll ich euch dulden? Bringt ihn hierher!

18 Und Jesus bedrohte ihn; und der Teufel fuhr aus von ihm, und der Knabe ward gesund zu derselben Stunde.

19 Da traten zu ihm seine Jünger besonders und sprachen: Warum konnten wir ihn nicht austreiben?

20 Jesus aber antwortete und sprach zu ihnen: Um eures Unglaubens willen. Denn wahrlich ich sage euch: So ihr Glauben habt wie ein Senfkorn, so mögt ihr sagen zu diesem Berge: Hebe dich von hinnen dorthin! so wird er sich heben; und euch wird nichts unmöglich sein.

21 Aber diese Art fährt nicht aus denn durch Beten und Fasten.

22 Da sie aber ihr Wesen hatten in Galiläa, sprach Jesus zu ihnen: Es wird geschehen, daß des Menschen Sohn überantwortet wird in der Menschen Hände;

23 und sie werden ihn töten, und am dritten Tage wird er auferstehen. Und sie wurden sehr betrübt.

24 Da sie nun gen Kapernaum kamen, gingen zu Petrus, die den Zinsgroschen einnahmen, und sprachen: Pflegt euer Meister nicht den Zinsgroschen zu geben?

25 Er sprach: Ja. Und als er heimkam, kam ihm Jesus zuvor und sprach: Was dünkt dich, Simon? Von wem nehmen die Könige auf Erden den Zoll oder Zins? Von Ihren Kindern oder von den Fremden?

26 Da sprach zu ihm Petrus: Von den Fremden. Jesus sprach zu ihm: So sind die Kinder frei.

27 Auf daß aber wir sie nicht ärgern, so gehe hin an das Meer und wirf die Angel, und den ersten Fisch, der herauffährt, den nimm; und wenn du seinen Mund auftust, wirst du einen Stater finden; den nimm und gib ihnen für mich und dich.

18. Kapitel

Vom Kindersinn. Ärgernis. Gewalt der
Schlüssel. Versöhnlichkeit
und Gleichnis vom Schalksknecht.

1 Zu derselben Stunde traten die Jünger zu Jesu und sprachen: Wer ist doch der Größte im Himmelreich?

2 Jesus rief ein Kind zu sich und stellte das mitten unter sie

3 und sprach: Wahrlich ich sage euch: Es sei denn, daß ihr umkehret und werdet wie die Kinder, so werdet ihr nicht ins Himmelreich kommen.

4 Wer nun sich selbst erniedrigt wie dies Kind, der ist der Größte im Himmelreich.

5 Und wer ein solches Kind aufnimmt in meinem Namen, der nimmt mich auf.

6 Wer aber ärgert dieser Geringsten einen, die an mich glauben, dem wäre es besser, daß ein Mühlstein an seinen Hals gehängt und er ersäuft werde im Meer, da es am tiefsten ist.

7 Weh der Welt der Ärgernisse halben! Es muß ja Ärgernis kommen; doch weh dem Menschen, durch welchen Ärgernis

kommt!

8 So aber deine Hand oder dein Fuß dich ärgert, so haue ihn ab und wirf ihn von dir. Es ist besser, daß du zum Leben lahm oder als Krüppel eingehst, denn daß du zwei Hände oder zwei Füße hast und wirst in das höllische Feuer geworfen.

9 Und so dich dein Auge ärgert, reiß es aus und wirf's von dir. Es ist dir besser, daß du einäugig zum Leben eingehest, denn daß du zwei Augen habest und wirst in das höllische Feuer geworfen.

10 Sehet zu, daß ihr nicht jemand von diesen Kleinen verachtet. Denn ich sage euch: Ihre Engel im Himmel sehen allezeit in das Angesicht meines Vaters im Himmel.

11 Denn des Menschen Sohn ist gekommen, selig zu machen, das verloren ist.

12 Was dünkt euch? Wenn irgend ein Mensch hundert Schafe hätte und eins unter ihnen sich verirrte: läßt er nicht die neunundneunzig auf den Bergen, geht hin und sucht das verirrte?

13 Und so sich's begibt, daß er's findet, wahrlich ich sage euch, er freut sich

darüber mehr denn über die neunundneunzig, die nicht verirrt sind.

14 Also auch ist's vor eurem Vater im
Himmel nicht der Wille, daß jemand von
diesen Kleinen verloren werde.

15 Sündigt aber dein Bruder an dir, so
gehe hin und strafe ihn zwischen dir und
ihm allein. Hört er dich, so hast du deinen
Bruder gewonnen.

16 Hört er dich nicht, so nimm noch
einen oder zwei zu dir, auf daß alle Sache
bestehe auf zweier oder dreier Zeugen
Mund.

17 Hört er die nicht, so sage es der
Gemeinde. Hört er die Gemeinde nicht,
so halt ihn als einen Zöllner oder Heiden.

18 Wahrlich ich sage euch: Was ihr auf
Erden binden werdet, soll auch im
Himmel gebunden sein, und was ihr auf
Erden lösen werdet, soll auch im Himmel
los sein.

19 Weiter sage ich euch: wo zwei unter
euch eins werden, warum es ist, daß sie
bitten wollen, das soll ihnen widerfahren
von meinem Vater im Himmel.

20 Denn wo zwei oder drei versammelt
sind in meinem Namen, da bin ich mitten

unter ihnen.

21 Da trat Petrus zu ihm und sprach: HERR, wie oft muß ich denn meinem Bruder, der an mir sündigt, vergeben? Ist's genug siebenmal?

22 Jesus sprach zu ihm: Ich sage dir: Nicht siebenmal, sondern siebzigmal siebenmal.

23 Darum ist das Himmelreich gleich einem König, der mit seinen Knechten rechnen wollte.

24 Und als er anfing zu rechnen, kam ihm einer vor, der war ihm zehntausend Pfund schuldig.

25 Da er's nun nicht hatte, zu bezahlen, hieß der Herr verkaufen ihn und sein Weib und seine Kinder und alles, was er hatte, und bezahlen.

26 Da fiel der Knecht nieder und betete ihn an und sprach: Herr, habe Geduld mit mir, ich will dir's alles bezahlen.

27 Da jammerte den Herrn des Knechtes, und er ließ ihn los, und die Schuld erließ er ihm auch.

28 Da ging derselbe Knecht hinaus und fand einen seiner Mitknechte, der war ihm hundert Groschen schuldig; und er

griff ihn an und würgte ihn und sprach: Bezahle mir, was du mir schuldig bist!

29 Da fiel sein Mitknecht nieder und bat ihn und sprach: Habe Geduld mit mir; ich will dir's alles bezahlen.

30 Er wollte aber nicht, sondern ging hin und warf ihn ins Gefängnis, bis daß er bezahlte, was er schuldig war.

31 Da aber seine Mitknechte solches sahen, wurden sie sehr betrübt und kamen und brachten vor ihren Herrn alles, was sich begeben hatte.

32 Da forderte ihn sein Herr vor sich und sprach zu ihm: Du Schalksknecht, alle diese Schuld habe ich dir erlassen, dieweil du mich batest;

33 solltest du denn dich nicht auch erbarmen über deinen Mitknecht, wie ich mich über dich erbarmt habe?

34 Und sein Herr ward sehr zornig und überantwortete ihn den Peinigern, bis daß er bezahlte alles, was er ihm schuldig war.

35 Also wird euch mein himmlischer Vater auch tun, so ihr nicht vergebt von eurem Herzen, ein jeglicher seinem Bruder seine Fehler.

19. Kapitel

Von Ehescheidung. Jesus segnet die Kinder.
Der reiche Jüngling.

1 Und es begab sich, da Jesus diese Reden vollendet hatte, erhob er sich aus Galiläa und kam in das Gebiet des jüdischen Landes jenseit des Jordans;

2 und es folgte ihm viel Volks nach, und er heilte sie daselbst.

3 Da traten zu ihm die Pharisäer, versuchten ihn und sprachen zu ihm: Ist's auch recht, daß sich ein Mann scheide von seinem Weibe um irgendeine Ursache?

4 Er antwortete aber und sprach zu ihnen: Habt ihr nicht gelesen, daß, der im Anfang den Menschen gemacht hat, der machte, daß ein Mann und ein Weib sein sollte,

5 und sprach: "Darum wird ein Mensch Vater und Mutter verlassen und an seinem Weibe hangen, und werden die zwei ein Fleisch sein"?

6 So sind sie nun nicht zwei, sondern ein Fleisch. Was nun Gott zusammengefügt

hat, das soll der Mensch nicht scheiden.

7 Da sprachen sie: Warum hat denn Mose geboten, einen Scheidebrief zu geben und sich von ihr zu scheiden?

8 Er sprach zu ihnen: Mose hat euch erlaubt zu scheiden von euren Weibern wegen eures Herzens Härtigkeit; von Anbeginn aber ist's nicht also gewesen.

9 Ich sage aber euch: Wer sich von seinem Weibe scheidet (es sei denn um der Hurerei willen) und freit eine andere, der bricht die Ehe; und wer die Abgeschiedene freit, der bricht auch die Ehe.

10 Da sprachen die Jünger zu ihm: Steht die Sache eines Mannes mit seinem Weibe also, so ist's nicht gut, ehelich werden.

11 Er sprach zu ihnen: Das Wort faßt nicht jedermann, sondern denen es gegeben ist.

12 Denn es sind etliche verschnitten, die sind aus Mutterleibe also geboren; und sind etliche verschnitten, die von Menschen verschnitten sind; und sind etliche verschnitten, die sich selbst verschnitten haben um des

Himmelreiches willen. Wer es fassen kann, der fasse es!

13 Da wurden Kindlein zu ihm gebracht, daß er die Hände auf sie legte und betete. Die Jünger aber fuhren sie an.

14 Aber Jesus sprach: Lasset die Kindlein zu mir kommen und wehret ihnen nicht, denn solcher ist das Reich Gottes.

15 Und legte die Hände auf sie und zog von dannen.

16 Und siehe, einer trat zu ihm und sprach: Guter Meister, was soll ich Gutes tun, daß ich das ewige Leben möge haben?

17 Er aber sprach zu ihm: Was heißest du mich gut? Niemand ist gut denn der einige Gott. Willst du aber zum Leben eingehen, so halte die Gebote.

18 Da sprach er zu ihm: Welche? Jesus aber sprach: "Du sollst nicht töten; du sollst nicht ehebrechen; du sollst nicht stehlen; du sollst nicht falsch Zeugnis geben;

19 ehre Vater und Mutter;" und: "Du sollst deinen Nächsten lieben wie dich selbst."

20 Da sprach der Jüngling zu ihm: Das habe ich alles gehalten von meiner Jugend auf; was fehlt mir noch?

21 Jesus sprach zu ihm: Willst du vollkommen sein, so gehe hin, verkaufe, was du hast, und gib's den Armen, so wirst du einen Schatz im Himmel haben; und komm und folge mir nach!

22 Da der Jüngling das Wort hörte, ging er betrübt von ihm, denn er hatte viele Güter.

23 Jesus aber sprach zu seinen Jüngern: Wahrlich, ich sage euch: Ein Reicher wird schwer ins Himmelreich kommen.

24 Und weiter sage ich euch: Es ist leichter, daß ein Kamel durch ein Nadelöhr gehe, denn daß ein Reicher ins Reich Gottes komme.

25 Da das seine Jünger hörten, entsetzten sie sich sehr und sprachen: Ja, wer kann denn selig werden?

26 Jesus aber sah sie an und sprach zu ihnen: Bei den Menschen ist es unmöglich; aber bei Gott sind alle Dinge möglich.

27 Da antwortete Petrus und sprach zu ihm: Siehe, wir haben alles verlassen und

sind dir nachgefolgt; was wird uns dafür?

28 Jesus aber sprach zu ihnen: Wahrlich ich sage euch: Ihr, die ihr mir seid nachgefolgt, werdet in der Wiedergeburt, da des Menschen Sohn wird sitzen auf dem Stuhl seiner Herrlichkeit, auch sitzen auf zwölf Stühlen und richten die zwölf Geschlechter Israels.

29 Und wer verläßt Häuser oder Brüder oder Schwestern oder Vater oder Mutter oder Weib oder Kinder oder Äcker um meines Namens willen, der wird's hundertfältig nehmen und das ewige Leben ererben.

30 Aber viele, die da sind die Ersten, werden die Letzten, und die Letzten werden die Ersten sein.

20. Kapitel

Gleichnis von den Arbeitern im Weinberge. Dritte Leidensverkündigung. Die Kinder des Zebedäus; Rangstreit. Zwei Blinde.

1 Das Himmelreich ist gleich einem Hausvater, der am Morgen ausging,

Arbeiter zu mieten in seinen Weinberg.

2 Und da er mit den Arbeitern eins ward um einen Groschen zum Tagelohn, sandte er sie in seinen Weinberg.

3 Und ging aus um die dritte Stunde und sah andere an dem Markte müßig stehen

4 und sprach zu ihnen: Gehet ihr auch hin in den Weinberg; ich will euch geben, was recht ist.

5 Und sie gingen hin. Abermals ging er aus um die sechste und die neunte Stunde und tat gleichalso.

6 Um die elfte Stunde aber ging er aus und fand andere müßig stehen und sprach zu ihnen: Was steht ihr hier den ganzen Tag müßig?

7 Sie sprachen zu ihm: Es hat uns niemand gedingt. Er sprach zu ihnen: Gehet ihr auch hin in den Weinberg, und was recht sein wird, soll euch werden.

8 Da es nun Abend ward, sprach der Herr des Weinberges zu seinem Schaffner: Rufe die Arbeiter und gib ihnen den Lohn und heb an an den Letzten bis zu den Ersten.

9 Da kamen, die um die elfte Stunde gedingt waren, und empfing ein jeglicher

seinen Groschen.

10 Da aber die ersten kamen, meinten sie, sie würden mehr empfangen; und sie empfingen auch ein jeglicher seinen Groschen.

11 Und da sie den empfingen, murrten sie wider den Hausvater

12 und sprachen: Diese haben nur eine Stunde gearbeitet, und du hast sie uns gleich gemacht, die wir des Tages Last und die Hitze getragen haben.

13 Er antwortete aber und sagte zu einem unter ihnen: Mein Freund, ich tue dir nicht Unrecht. Bist du nicht mit mir eins geworden für einen Groschen?

14 Nimm, was dein ist, und gehe hin! Ich will aber diesem letzten geben gleich wie dir.

15 Oder habe ich nicht Macht, zu tun, was ich will, mit dem Meinen? Siehst du darum so scheel, daß ich so gütig bin?

16 Also werden die Letzten die Ersten und die Ersten die Letzten sein. Denn viele sind berufen, aber wenige auserwählt.

17 Und er zog hinauf gen Jerusalem und nahm zu sich die zwölf Jünger besonders

auf dem Wege und sprach zu ihnen:

18 Siehe, wir ziehen hinauf gen Jerusalem, und des Menschen Sohn wird den Hohenpriestern und Schriftgelehrten überantwortet werden; sie werden ihn verdammen zum Tode

19 und werden ihn überantworten den Heiden, zu verspotten und zu geißeln und zu kreuzigen; und am dritten Tage wird er wieder auferstehen.

20 Da trat zu ihm die Mutter der Kinder des Zebedäus mit ihren Söhnen, fiel vor ihm nieder und bat etwas von ihm.

21 Und er sprach zu ihr: Was willst du? Sie sprach zu ihm: Laß diese meine zwei Söhne sitzen in deinem Reich, einen zu deiner Rechten und den andern zu deiner Linken.

22 Aber Jesus antwortete und sprach: Ihr wisset nicht, was ihr bittet. Könnt ihr den Kelch trinken, den ich trinken werde, und euch taufen lassen mit der Taufe, mit der ich getauft werde? Sie sprachen zu ihm: Jawohl.

23 Und er sprach zu ihnen: Meinen Kelch sollt ihr zwar trinken, und mit der Taufe, mit der ich getauft werde, sollt ihr getauft

werden; aber das sitzen zu meiner Rechten und Linken zu geben steht mir nicht zu, sondern denen es bereitet ist von meinem Vater.

24 Da das die zehn hörten, wurden sie unwillig über die zwei Brüder.

25 Aber Jesus rief sie zu sich und sprach: Ihr wisset, daß die weltlichen Fürsten herrschen und die Obersten haben Gewalt.

26 So soll es nicht sein unter euch. Sondern, so jemand will unter euch gewaltig sein, der sei euer Diener;

27 und wer da will der Vornehmste sein, der sei euer Knecht,

28 gleichwie des Menschen Sohn ist nicht gekommen, daß er sich dienen lasse, sondern daß er diene und gebe sein Leben zu einer Erlösung für viele.

29 Und da sie von Jericho auszogen, folgte ihm viel Volks nach.

30 Und siehe, zwei Blinde saßen am Wege; und da sie hörten, daß Jesus vorüberging, schrieen sie und sprachen: Ach HERR, du Sohn Davids, erbarme dich unser!

31 Aber das Volk bedrohte sie, daß sie

schweigen sollten. Aber sie schrieen viel mehr und sprachen: Ach HERR, du Sohn Davids, erbarme dich unser!

32 Jesus aber stand still und rief sie und sprach: Was wollt ihr, daß ich euch tun soll?

33 Sie sprachen zu ihm: HERR, daß unsere Augen aufgetan werden.

34 Und es jammerte Jesum, und er rührte ihre Augen an; und alsbald wurden ihre Augen wieder sehend, und sie folgten ihm nach.

21. Kapitel

Christi Einzug in Jerusalem. Reinigung des Tempels. Unfruchtbarer Feigenbaum. Reden Jesu im Tempel. Gleichnis von den Weingärtnern.

1 Da sie nun nahe an Jerusalem kamen, gen Bethphage an den Ölberg, sandte Jesus seiner Jünger zwei

2 und sprach zu ihnen: Gehet hin in den Flecken, der vor euch liegt, und alsbald werdet ihr eine Eselin finden angebunden

und ihr Füllen bei ihr; löset sie auf und führet sie zu mir!

3 Und so euch jemand etwas wird sagen, so sprecht: Der HERR bedarf ihrer; sobald wird er sie euch lassen.

4 Das geschah aber alles, auf daß erfüllt würde, was gesagt ist durch den Propheten, der da spricht:

5 "Saget der Tochter Zion: Siehe, dein König kommt zu dir sanftmütig und reitet auf einem Esel und auf einem Füllen der lastbaren Eselin."

6 Die Jünger gingen hin und taten, wie ihnen Jesus befohlen hatte,

7 und brachten die Eselin und das Füllen und legten ihre Kleider darauf und setzten ihn darauf.

8 Aber viel Volks breitete die Kleider auf den Weg; die andern hieben Zweige von den Bäumen und streuten sie auf den Weg.

9 Das Volk aber, das vorging und nachfolgte, schrie und sprach: Hosianna dem Sohn Davids! Gelobt sei, der da kommt in dem Namen des HERRN! Hosianna in der Höhe!

10 Und als er zu Jerusalem einzog,

erregte sich die ganze Stadt und sprach: Wer ist der?

11 Das Volk aber sprach: Das ist der Jesus, der Prophet von Nazareth aus Galiläa.

12 Und Jesus ging zum Tempel Gottes hinein und trieb heraus alle Verkäufer und Käufer im Tempel und stieß um der Wechsler Tische und die Stühle der Taubenkrämer

13 und sprach zu ihnen: Es steht geschrieben: "Mein Haus soll ein Bethaus heißen"; ihr aber habt eine Mördergrube daraus gemacht.

14 Und es gingen zu ihm Blinde und Lahme im Tempel, und er heilte sie.

15 Da aber die Hohenpriester und Schriftgelehrten sahen die Wunder, die er tat, und die Kinder, die im Tempel schrieen und sagten: Hosianna dem Sohn Davids! wurden sie entrüstet

16 und sprachen zu ihm: Hörst du auch, was diese sagen? Jesus sprach zu ihnen: Ja! Habt ihr nie gelesen: "Aus dem Munde der Unmündigen und Säuglinge hast du Lob zugerichtet"?

17 Und er ließ sie da und ging zur Stadt

hinaus gen Bethanien und blieb daselbst.

18 Als er aber des Morgens wieder in die Stadt ging, hungerte ihn;

19 und er sah einen Feigenbaum am Wege und ging hinzu und fand nichts daran denn allein Blätter und sprach zu ihm: Nun wachse auf dir hinfort nimmermehr eine Frucht! Und der Feigenbaum verdorrte alsbald.

20 Und da das die Jünger sahen, verwunderten sie sich und sprachen: Wie ist der Feigenbaum so bald verdorrt?

21 Jesus aber antwortete und sprach zu ihnen: Wahrlich ich sage euch: So ihr Glauben habt und nicht zweifelt, so werdet ihr nicht allein solches mit dem Feigenbaum tun, sondern, so ihr werdet sagen zu diesem Berge: Hebe dich auf und wirf dich ins Meer! so wird's geschehen.

22 Und alles, was ihr bittet im Gebet, so ihr glaubet, werdet ihr's empfangen.

23 Und als er in den Tempel kam, traten zu ihm, als er lehrte, die Hohenpriester und die Ältesten im Volk und sprachen: Aus was für Macht tust du das? und wer hat dir die Macht gegeben?

24 Jesus aber antwortete und sprach zu ihnen: Ich will euch auch ein Wort fragen; so ihr mir das sagt, will ich euch auch sagen aus was für Macht ich das tue:

25 Woher war die Taufe des Johannes? War sie vom Himmel oder von den Menschen? Da dachten sie bei sich selbst und sprachen: Sagen wir, sie sei vom Himmel gewesen, so wird er zu uns sagen: Warum glaubtet ihr ihm denn nicht?

26 Sagen wir aber, sie sei von Menschen gewesen, so müssen wir uns vor dem Volk fürchten; denn sie halten alle Johannes für einen Propheten.

27 Und sie antworteten Jesu und sprachen: Wir wissen's nicht. Da sprach er zu ihnen: So sage ich euch auch nicht, aus was für Macht ich das tue.

28 Was dünkt euch aber? Es hatte ein Mann zwei Söhne und ging zu dem ersten und sprach: Mein Sohn, gehe hin und arbeite heute in meinem Weinberg.

29 Er antwortete aber und sprach: Ich will's nicht tun. Darnach reute es ihn und er ging hin.

30 Und er ging zum andern und sprach

gleichalso. Er antwortete aber und sprach: Herr, ja! - und ging nicht hin.

31 Welcher unter den zweien hat des Vaters Willen getan? Sie sprachen zu ihm: Der erste. Jesus sprach zu ihnen: Wahrlich ich sage euch: Die Zöllner und Huren mögen wohl eher ins Himmelreich kommen denn ihr.

32 Johannes kam zu euch und lehrte euch den rechten Weg, und ihr glaubtet ihm nicht; aber die Zöllner und Huren glaubten ihm. Und ob ihr's wohl sahet, tatet ihr dennoch nicht Buße, daß ihr ihm darnach auch geglaubt hättet.

33 Höret ein anderes Gleichnis: Es war ein Hausvater, der pflanzte einen Weinberg und führte einen Zaun darum und grub eine Kelter darin und baute einen Turm und tat ihn den Weingärtnern aus und zog über Land.

34 Da nun herbeikam die Zeit der Früchte, sandte er seine Knechte zu den Weingärtnern, daß sie seine Früchte empfingen.

35 Da nahmen die Weingärtner seine Knechte; einen stäupten sie, den andern töteten sie, den dritten steinigten sie.

36 Abermals sandte er andere Knechte, mehr denn der ersten waren; und sie taten ihnen gleichalso.

37 Darnach sandte er seinen Sohn zu ihnen und sprach: Sie werden sich vor meinem Sohn scheuen.

38 Da aber die Weingärtner den Sohn sahen, sprachen sie untereinander: Das ist der Erbe; kommt laßt uns ihn töten und sein Erbgut an uns bringen!

39 Und sie nahmen ihn und stießen ihn zum Weinberg hinaus und töteten ihn.

40 Wenn nun der Herr des Weinberges kommen wird, was wird er diesen Weingärtnern tun?

41 Sie sprachen zu ihm: Er wird die Bösewichte übel umbringen und seinen Weinberg anderen Weingärtnern austun, die ihm die Früchte zur rechten Zeit geben.

42 Jesus sprach zu ihnen: Habt ihr nie gelesen in der Schrift: "Der Stein, den die Bauleute verworfen haben, der ist zum Eckstein geworden. Von dem HERRN ist das geschehen, und es ist wunderbar vor unseren Augen"?

43 Darum sage ich euch: Das Reich

Gottes wird von euch genommen und einem Volke gegeben werden, das seine Früchte bringt.

44 Und wer auf diesen Stein fällt, der wird zerschellen; auf wen aber er fällt, den wird er zermalmen.

45 Und da die Hohenpriester und Pharisäer seine Gleichnisse hörten, verstanden sie, daß er von ihnen redete.

46 Und sie trachteten darnach, wie sie ihn griffen; aber sie fürchteten sich vor dem Volk, denn es hielt ihn für einen Propheten.

22. Kapitel

Gleichnis von der königlichen Hochzeit.
Zinsgroschen. Auferstehung. Vornehmstes
Gebot. Christus Davids Sohn und Herr.

1 Und Jesus antwortete und redete abermals durch Gleichnisse zu ihnen und sprach:

2 Das Himmelreich ist gleich einem Könige, der seinem Sohn Hochzeit machte.

3 Und sandte seine Knechte aus, daß sie die Gäste zur Hochzeit riefen; und sie wollten nicht kommen.

4 Abermals sandte er andere Knechte aus und sprach: Sagt den Gästen: Siehe, meine Mahlzeit habe ich bereitet, meine Ochsen und mein Mastvieh ist geschlachtet und alles ist bereit; kommt zur Hochzeit!

5 Aber sie verachteten das und gingen hin, einer auf seinen Acker, der andere zu seiner Hantierung;

6 etliche griffen seine Knechte, höhnten sie und töteten sie.

7 Da das der König hörte, ward er zornig und schickte seine Heere aus und brachte diese Mörder um und zündete ihre Stadt an.

8 Da sprach er zu seinen Knechten: Die Hochzeit ist zwar bereit, aber die Gäste waren's nicht wert.

9 Darum gehet hin auf die Straßen und ladet zur Hochzeit, wen ihr findet.

10 Und die Knechte gingen aus auf die Straßen und brachten zusammen, wen sie fanden, Böse und Gute; und die Tische wurden alle voll.

11 Da ging der König hinein, die Gäste zu besehen, und sah allda einen Menschen, der hatte kein hochzeitlich Kleid an;

12 und er sprach zu ihm: Freund, wie bist du hereingekommen und hast doch kein hochzeitlich Kleid an? Er aber verstummte.

13 Da sprach der König zu seinen Dienern: Bindet ihm Hände und Füße und werfet ihn in die Finsternis hinaus! da wird sein Heulen und Zähneklappen.

14 Denn viele sind berufen, aber wenige sind auserwählt.

15 Da gingen die Pharisäer hin und hielten einen Rat, wie sie ihn fingen in seiner Rede.

16 Und sandten zu ihm ihre Jünger samt des Herodes Dienern. Und sie sprachen: Meister, wir wissen, daß du wahrhaftig bist und lehrst den Weg Gottes recht und du fragst nach niemand; denn du achtest nicht das Ansehen der Menschen.

17 Darum sage uns, was dünkt dich: Ist's recht, daß man dem Kaiser den Zins gebe, oder nicht?

18 Da nun Jesus merkte ihre Schalkheit, sprach er: Ihr Heuchler, was versucht ihr mich?

19 Weiset mir die Zinsmünze! Und sie reichten ihm einen Groschen dar.

20 Und er sprach zu ihnen: Wes ist das Bild und die Überschrift?

21 Sie sprachen zu ihm: Des Kaisers. Da sprach er zu ihnen: So gebet dem Kaiser, was des Kaisers ist, und Gott, was Gottes ist!

22 Da sie das hörten, verwunderten sie sich und ließen ihn und gingen davon.

23 An dem Tage traten zu ihm die Sadduzäer, die da halten, es sei kein Auferstehen, und fragten ihn

24 und sprachen: Meister, Mose hat gesagt: So einer stirbt und hat nicht Kinder, so soll sein Bruder sein Weib freien und seinem Bruder Samen erwecken.

25 Nun sind bei uns gewesen sieben Brüder. Der erste freite und starb; und dieweil er nicht Samen hatte, ließ er sein Weib seinem Bruder;

26 desgleichen der andere und der dritte bis an den siebenten.

27 Zuletzt nach allen starb auch das Weib.

28 Nun in der Auferstehung, wes Weib wird sie sein unter den sieben? Sie haben sie ja alle gehabt.

29 Jesus aber antwortete und sprach zu ihnen: Ihr irrt und wisset die Schrift nicht, noch die Kraft Gottes.

30 In der Auferstehung werden sie weder freien noch sich freien lassen, sondern sie sind gleichwie die Engel Gottes im Himmel.

31 Habt ihr nicht gelesen von der Toten Auferstehung, was euch gesagt ist von Gott, der da spricht:

32 "Ich bin der Gott Abrahams und der Gott Isaaks und der Gott Jakobs"? Gott aber ist nicht ein Gott der Toten, sondern der Lebendigen.

33 Und da solches das Volk hörte, entsetzten sie sich über seine Lehre.

34 Da aber die Pharisäer hörten, wie er den Sadduzäern das Maul gestopft hatte, versammelten sie sich.

35 Und einer unter ihnen, ein Schriftgelehrter, versuchte ihn und sprach:

36 Meister, welches ist das vornehmste Gebot im Gesetz?

37 Jesus aber sprach zu ihm: "Du sollst lieben Gott, deinen HERRN, von ganzem Herzen, von ganzer Seele und von ganzem Gemüte."

38 Dies ist das vornehmste und größte Gebot.

39 Das andere aber ist ihm gleich; Du sollst deinen Nächsten lieben wie dich selbst.

40 In diesen zwei Geboten hängt das ganze Gesetz und die Propheten.

41 Da nun die Pharisäer beieinander waren, fragte sie Jesus

42 und sprachen: Wie dünkt euch um Christus? wes Sohn ist er? Sie sprachen: Davids.

43 Er sprach zu ihnen: Wie nennt ihn denn David im Geist einen Herrn, da er sagt:

44 "Der HERR hat gesagt zu meinem Herrn: Setze dich zu meiner Rechten, bis daß ich lege deine Feinde zum Schemel deiner Füße"?

45 So nun David ihn einen Herrn nennt, wie ist er denn sein Sohn?

46 Und niemand konnte ihm ein Wort antworten, und wagte auch niemand von dem Tage an hinfort, ihn zu fragen.

23. Kapitel

Jesu Strafpredigt wider die Schriftgelehrten und Pharisäer. Jerusalems schwere Sünden. Ankündigung der Zerstörung des Tempels.

1 Da redete Jesus zu dem Volk und zu seinen Jüngern

2 und sprach: Auf Mose's Stuhl sitzen die Schriftgelehrten und Pharisäer.

3 Alles nun, was sie euch sagen, daß ihr halten sollt, das haltet und tut's; aber nach ihren Werken sollt ihr nicht tun: sie sagen's wohl, und tun's nicht.

4 Sie binden aber schwere und unerträgliche Bürden und legen sie den Menschen auf den Hals; aber sie selbst wollen dieselben nicht mit einem Finger regen.

5 Alle ihre Werke aber tun sie, daß sie von den Leuten gesehen werden. Sie machen ihre Denkzettel breit und die

Säume an ihren Kleidern groß.

6 Sie sitzen gern obenan über Tisch und in den Schulen

7 und haben's gern, daß sie gegrüßt werden auf dem Markt und von den Menschen Rabbi genannt werden.

8 Aber ihr sollt euch nicht Rabbi nennen lassen; denn einer ist euer Meister, Christus; ihr aber seid alle Brüder.

9 Und sollt niemand Vater heißen auf Erden, denn einer ist euer Vater, der im Himmel ist.

10 Und ihr sollt euch nicht lassen Meister nennen; denn einer ist euer Meister, Christus.

11 Der Größte unter euch soll euer Diener sein.

12 Denn wer sich selbst erhöht, der wird erniedrigt; und wer sich selbst erniedrigt, der wird erhöht.

13 Weh euch, Schriftgelehrte und Pharisäer, ihr Heuchler, die ihr das Himmelreich zuschließet vor den Menschen! Ihr kommt nicht hinein, und die hinein wollen, laßt ihr nicht hineingehen.

14 Weh euch, Schriftgelehrte und

Pharisäer, ihr Heuchler, die ihr der Witwen Häuser fresset und wendet lange Gebete vor! Darum werdet ihr desto mehr Verdammnis empfangen.

15 Weh euch, Schriftgelehrte und Pharisäer, ihr Heuchler, die ihr Land und Wasser umziehet, daß ihr einen Judengenossen macht; und wenn er's geworden ist, macht ihr aus ihm ein Kind der Hölle, zwiefältig mehr denn ihr seid!

16 Weh euch, verblendete Leiter, die ihr sagt: "Wer da schwört bei dem Tempel, das ist nichts; wer aber schwört bei dem Gold am Tempel, der ist's schuldig."

17 Ihr Narren und Blinden! Was ist größer: das Gold oder der Tempel, der das Gold heiligt?

18 "Wer da schwört bei dem Altar, das ist nichts; wer aber schwört bei dem Opfer, das darauf ist, der ist's schuldig."

19 Ihr Narren und Blinden! Was ist größer: das Opfer oder der Altar, der das Opfer heiligt?

20 Darum, wer da schwört bei dem Altar, der schwört bei demselben und bei allem, was darauf ist.

21 Und wer da schwört bei dem Tempel,

der schwört bei demselben und bei dem, der darin wohnt.

22 Und wer da schwört bei dem Himmel, der schwört bei dem Stuhl Gottes und bei dem, der darauf sitzt.

23 Weh euch, Schriftgelehrte und Pharisäer, ihr Heuchler, die ihr verzehntet die Minze, Dill und Kümmel, und laßt dahinten das Schwerste im Gesetz, nämlich das Gericht, die Barmherzigkeit und den Glauben! Dies soll man tun und jenes nicht lassen.

24 Ihr verblendeten Leiter, die ihr Mücken seihet und Kamele verschluckt!

25 Weh euch, Schriftgelehrte und Pharisäer, ihr Heuchler, die ihr die Becher und Schüsseln auswendig reinlich haltet, inwendig aber ist's voll Raubes und Fraßes!

26 Du blinder Pharisäer, reinige zum ersten das Inwendige an Becher und Schüssel, auf das auch das Auswendige rein werde!

27 Weh euch, Schriftgelehrte und Pharisäer, ihr Heuchler, die ihr gleich seid wie die übertünchten Gräber, welche auswendig hübsch scheinen, aber

inwendig sind sie voller Totengebeine und alles Unflats!

28 Also auch ihr: von außen scheint ihr den Menschen fromm, aber inwendig seid ihr voller Heuchelei und Untugend.

29 Weh euch, Schriftgelehrte und Pharisäer, ihr Heuchler, die ihr der Propheten Gräber bauet und schmücket der Gerechten Gräber

30 und sprecht: Wären wir zu unsrer Väter Zeiten gewesen, so wollten wir nicht teilhaftig sein mit ihnen an der Propheten Blut!

31 So gebt ihr über euch selbst Zeugnis, daß ihr Kinder seid derer, die die Propheten getötet haben.

32 Wohlan, erfüllet auch ihr das Maß eurer Väter!

33 Ihr Schlangen und Otterngezücht! wie wollt ihr der höllischen Verdammnis entrinnen?

34 Darum siehe, ich sende zu euch Propheten und Weise und Schriftgelehrte; und deren werdet ihr etliche töten und kreuzigen, und etliche werdet ihr geißeln in ihren Schulen und werdet sie verfolgen von einer Stadt zu der anderen;

35 auf daß über euch komme all das gerechte Blut, das vergossen ist auf Erden, von dem Blut des gerechten Abel an bis auf das Blut des Zacharias, des Sohnes Berechja's, welchen ihr getötet habt zwischen dem Tempel und dem Altar.

36 Wahrlich ich sage euch, daß solches alles wird über dies Geschlecht kommen.

37 Jerusalem, Jerusalem, die du tötest die Propheten und steinigst, die zu dir gesandt sind! wie oft habe ich deine Kinder versammeln wollen, wie eine Henne versammelt ihre Küchlein unter ihre Flügel; und ihr habt nicht gewollt!

38 Siehe, euer Haus soll euch wüst gelassen werden.

39 Denn ich sage euch: Ihr werdet mich von jetzt an nicht sehen, bis ihr sprecht: Gelobt sei, der da kommt im Namen des HERRN!

24. Kapitel

Von der Zerstörung Jerusalems, der
Wiederkunft Christi und dem Ende der Welt.
Ermahnung zur Wachsamkeit.

1 Und Jesus ging hinweg von dem Tempel, und seine Jünger traten zu ihm, daß sie ihm zeigten des Tempels Gebäude.

2 Jesus aber sprach zu ihnen: Sehet ihr nicht das alles? Wahrlich, ich sage euch: Es wird hier nicht ein Stein auf dem anderen bleiben, der nicht zerbrochen werde.

3 Und als er auf dem Ölberge saß, traten zu ihm seine Jünger besonders und sprachen: Sage uns, wann wird das alles geschehen? Und welches wird das Zeichen sein deiner Zukunft und des Endes der Welt?

4 Jesus aber antwortete und sprach zu ihnen: Sehet zu, daß euch nicht jemand verführe.

5 Denn es werden viele kommen unter meinem Namen, und sagen: "Ich bin Christus" und werden viele verführen.

6 Ihr werdet hören Kriege und Geschrei von Kriegen; sehet zu und erschreckt euch nicht. Das muß zum ersten alles geschehen; aber es ist noch nicht das Ende da.

7 Denn es wird sich empören ein Volk wider das andere und ein Königreich gegen das andere, und werden sein Pestilenz und teure Zeit und Erdbeben hin und wieder.

8 Da wird sich allererst die Not anheben.

9 Alsdann werden sie euch überantworten in Trübsal und werden euch töten. Und ihr müßt gehaßt werden um meines Namens willen von allen Völkern.

10 Dann werden sich viele ärgern und werden untereinander verraten und werden sich untereinander hassen.

11 Und es werden sich viel falsche Propheten erheben und werden viele verführen.

12 und dieweil die Ungerechtigkeit wird überhandnehmen, wird die Liebe in vielen erkalten.

13 Wer aber beharret bis ans Ende, der wird selig.

14 Und es wird gepredigt werden das

Evangelium vom Reich in der ganzen Welt zu einem Zeugnis über alle Völker, und dann wird das Ende kommen.

15 Wenn ihr nun sehen werdet den Greuel der Verwüstung (davon gesagt ist durch den Propheten Daniel), daß er steht an der heiligen Stätte (wer das liest, der merke darauf!),

16 alsdann fliehe auf die Berge, wer im jüdischen Lande ist;

17 und wer auf dem Dach ist, der steige nicht hernieder, etwas aus seinem Hause zu holen;

18 und wer auf dem Felde ist, der kehre nicht um, seine Kleider zu holen.

19 Weh aber den Schwangeren und Säugerinnen zu der Zeit!

20 Bittet aber, daß eure Flucht nicht geschehe im Winter oder am Sabbat.

21 Denn es wird alsbald eine große Trübsal sein, wie nicht gewesen ist von Anfang der Welt bisher und wie auch nicht werden wird.

22 Und wo diese Tage nicht verkürzt würden, so würde kein Mensch selig; aber um der Auserwählten willen werden die Tage verkürzt.

23 So alsdann jemand zu euch wird sagen: Siehe, hier ist Christus! oder: da! so sollt ihr's nicht glauben.

24 Denn es werden falsche Christi und falsche Propheten aufstehen und große Zeichen und Wunder tun, daß verführt werden in dem Irrtum (wo es möglich wäre) auch die Auserwählten.

25 Siehe, ich habe es euch zuvor gesagt.

26 Darum, wenn sie zu euch sagen werden: Siehe, er ist in der Wüste! so gehet nicht hinaus, - siehe, er ist in der Kammer! so glaubt nicht.

27 Denn gleichwie ein Blitz ausgeht vom Aufgang und scheint bis zum Niedergang, also wird auch sein die Zukunft des Menschensohnes.

28 Wo aber ein Aas ist, da sammeln sich die Adler.

29 Bald aber nach der Trübsal derselben Zeit werden Sonne und Mond den Schein verlieren, und Sterne werden vom Himmel fallen, und die Kräfte der Himmel werden sich bewegen.

30 Und alsdann wird erscheinen das Zeichen des Menschensohnes am Himmel. Und alsdann werden heulen alle

Geschlechter auf Erden und werden sehen kommen des Menschen Sohn in den Wolken des Himmels mit großer Kraft und Herrlichkeit.

31 Und er wird senden seine Engel mit hellen Posaunen, und sie werden sammeln seine Auserwählten von den vier Winden, von einem Ende des Himmels zu dem anderen.

32 An dem Feigenbaum lernet ein Gleichnis: wenn sein Zweig jetzt saftig wird und Blätter gewinnt, so wißt ihr, daß der Sommer nahe ist.

33 Also auch wenn ihr das alles sehet, so wisset, daß es nahe vor der Tür ist.

34 Wahrlich ich sage euch: Dies Geschlecht wird nicht vergehen, bis daß dieses alles geschehe.

35 Himmel und Erde werden vergehen; aber meine Worte werden nicht vergehen.

36 Von dem Tage aber und von der Stunde weiß niemand, auch die Engel nicht im Himmel, sondern allein mein Vater.

37 Aber gleichwie es zur Zeit Noah's war, also wird auch sein die Zukunft des

Menschensohnes.

38 Denn gleichwie sie waren in den Tagen vor der Sintflut, sie aßen, sie tranken, sie freiten und ließen sich freien, bis an den Tag, da Noah zu der Arche einging.

39 und achteten's nicht, bis die Sintflut kam und nahm sie alle dahin, also wird auch sein die Zukunft des Menschensohnes.

40 Dann werden zwei auf dem Felde sein; einer wird angenommen, und der andere wird verlassen werden.

41 Zwei werden mahlen auf der Mühle; eine wird angenommen, und die andere wird verlassen werden.

42 Darum wachet, denn ihr wisset nicht, welche Stunde euer HERR kommen wird.

43 Das sollt ihr aber wissen: Wenn der Hausvater wüßte, welche Stunde der Dieb kommen wollte, so würde er ja wachen und nicht in sein Haus brechen lassen.

44 Darum seid ihr auch bereit; denn des Menschen Sohn wird kommen zu einer Stunde, da ihr's nicht meinet.

45 Welcher ist aber nun ein treuer und

kluger Knecht, den der Herr gesetzt hat über sein Gesinde, daß er ihnen zu rechter Zeit Speise gebe?

46 Selig ist der Knecht, wenn sein Herr kommt und findet ihn also tun.

47 Wahrlich ich sage euch: Er wird ihn über alle seine Güter setzen.

48 So aber jener, der böse Knecht, wird in seinem Herzen sagen: Mein Herr kommt noch lange nicht,

49 und fängt an zu schlagen seine Mitknechte, ißt und trinkt mit den Trunkenen:

50 so wird der Herr des Knechtes kommen an dem Tage, des er sich nicht versieht, und zu einer Stunde, die er nicht meint,

51 und wird ihn zerscheitern und wird ihm den Lohn geben mit den Heuchlern: da wird sein Heulen und Zähneklappen.

25. Kapitel

Gleichnisse von den zehn Jungfrauen
und anvertrauten Zentnern.
Rede vom Jüngsten Gericht.

1 Dann wird das Himmelreich gleich sein zehn Jungfrauen, die ihre Lampen nahmen und gingen aus, dem Bräutigam entgegen.

2 Aber fünf unter ihnen waren töricht, und fünf waren klug.

3 Die törichten nahmen Öl in ihren Lampen; aber sie nahmen nicht Öl mit sich.

4 Die klugen aber nahmen Öl in ihren Gefäßen samt ihren Lampen.

5 Da nun der Bräutigam verzog, wurden sie alle schläfrig und schliefen ein.

6 Zur Mitternacht aber ward ein Geschrei: Siehe, der Bräutigam kommt; geht aus ihm entgegen!

7 Da standen diese Jungfrauen alle auf und schmückten ihre Lampen.

8 Die törichten aber sprachen zu den klugen: Gebt uns von eurem Öl, denn unsere Lampen verlöschen.

9 Da antworteten die klugen und sprachen: Nicht also, auf daß nicht uns und euch gebreche; geht aber hin zu den Krämern und kauft für euch selbst.

10 Und da sie hingingen, zu kaufen, kam der Bräutigam; und die bereit waren, gingen mit ihm hinein zur Hochzeit, und die Tür ward verschlossen.

11 Zuletzt kamen auch die anderen Jungfrauen und sprachen: Herr, Herr, tu uns auf!

12 Er antwortete aber und sprach: Wahrlich ich sage euch: Ich kenne euch nicht.

13 Darum wachet; denn ihr wisset weder Tag noch Stunde, in welcher des Menschen Sohn kommen wird.

14 Gleichwie ein Mensch, der über Land zog, rief seine Knechte und tat ihnen seine Güter aus;

15 und einem gab er fünf Zentner, dem andern zwei, dem dritten einen, einem jedem nach seinem Vermögen, und zog bald hinweg.

16 Da ging der hin, der fünf Zentner empfangen hatte, und handelte mit ihnen und gewann andere fünf Zentner.

17 Desgleichen, der zwei Zentner empfangen hatte, gewann auch zwei andere.

18 Der aber einen empfangen hatte, ging hin und machte eine Grube in die Erde und verbarg seines Herrn Geld.

19 Über eine lange Zeit kam der Herr dieser Knechte und hielt Rechenschaft mit ihnen.

20 Da trat herzu, der fünf Zentner empfangen hatte, und legte andere fünf Zentner dar und sprach: Herr, du hast mir fünf Zentner ausgetan; siehe da, ich habe damit andere fünf Zentner gewonnen.

21 Da sprach sein Herr zu ihm: Ei, du frommer und getreuer Knecht, du bist über wenigem getreu gewesen, ich will dich über viel setzen; gehe ein zu deines Herrn Freude!

22 Da trat auch herzu, der zwei Zentner erhalten hatte, und sprach: Herr, du hast mir zwei Zentner gegeben; siehe da, ich habe mit ihnen zwei andere gewonnen.

23 Sein Herr sprach zu ihm: Ei du frommer und getreuer Knecht, du bist über wenigem getreu gewesen, ich will dich über viel setzen; gehe ein zu deines

Herrn Freude!

24 Da trat auch herzu, der einen Zentner empfangen hatte, und sprach: Herr, ich wußte, das du ein harter Mann bist: du schneidest, wo du nicht gesät hast, und sammelst, wo du nicht gestreut hast;

25 und fürchtete mich, ging hin und verbarg deinen Zentner in die Erde. Siehe, da hast du das Deine.

26 Sein Herr aber antwortete und sprach zu ihm: Du Schalk und fauler Knecht! wußtest du, daß ich schneide, da ich nicht gesät habe, und sammle, da ich nicht gestreut habe?

27 So solltest du mein Geld zu den Wechslern getan haben, und wenn ich gekommen wäre, hätte ich das Meine zu mir genommen mit Zinsen.

28 Darum nehmt von ihm den Zentner und gebt es dem, der zehn Zentner hat.

29 Denn wer da hat, dem wird gegeben werden, und er wird die Fülle haben; wer aber nicht hat, dem wird auch, was er hat, genommen werden.

30 Und den unnützen Knecht werft hinaus in die Finsternis; da wird sein Heulen und Zähneklappen.

31 Wenn aber des Menschen Sohn kommen wird in seiner Herrlichkeit und alle heiligen Engel mit ihm, dann wird er sitzen auf dem Stuhl seiner Herrlichkeit,

32 und werden vor ihm alle Völker versammelt werden. Und er wird sie voneinander scheiden, gleich als ein Hirte die Schafe von den Böcken scheidet,

33 und wird die Schafe zu seiner Rechten stellen und die Böcke zu seiner Linken.

34 Da wird dann der König sagen zu denen zu seiner Rechten: Kommt her, ihr Gesegneten meines Vaters ererbt das Reich, das euch bereitet ist von Anbeginn der Welt!

35 Denn ich bin hungrig gewesen, und ihr habt mich gespeist. Ich bin durstig gewesen, und ihr habt mich getränkt. Ich bin Gast gewesen, und ihr habt mich beherbergt.

36 Ich bin nackt gewesen und ihr habt mich bekleidet. Ich bin krank gewesen, und ihr habt mich besucht. Ich bin gefangen gewesen, und ihr seid zu mir gekommen.

37 Dann werden ihm die Gerechten antworten und sagen: Wann haben wir dich hungrig gesehen und haben dich gespeist? oder durstig und haben dich getränkt?

38 Wann haben wir dich als einen Gast gesehen und beherbergt? oder nackt und dich bekleidet?

39 Wann haben wir dich krank oder gefangen gesehen und sind zu dir gekommen?

40 Und der König wird antworten und sagen zu ihnen: Wahrlich ich sage euch: Was ihr getan habt einem unter diesen meinen geringsten Brüdern, das habt ihr mir getan.

41 Dann wird er auch sagen zu denen zur Linken: Gehet hin von mir, ihr Verfluchten, in das ewige Feuer, das bereitet ist dem Teufel und seinen Engeln! [Anhang: A, B und Anmerkung]

42 Ich bin hungrig gewesen, und ihr habt mich nicht gespeist. Ich bin durstig gewesen, und ihr habt mich nicht getränkt.

43 Ich bin ein Gast gewesen, und ihr habt mich nicht beherbergt. Ich bin nackt

gewesen, und ihr habt mich nicht bekleidet. Ich bin krank und gefangen gewesen, und ihr habt mich nicht besucht.

44 Da werden sie ihm antworten und sagen: HERR, wann haben wir dich gesehen hungrig oder durstig oder als einen Gast oder nackt oder krank oder gefangen und haben dir nicht gedient?

45 Dann wird er ihnen antworten und sagen: Wahrlich ich sage euch: Was ihr nicht getan habt einem unter diesen Geringsten, das habt ihr mir auch nicht getan.

46 Und sie werden in die ewige Pein gehen, aber die Gerechten in das ewige Leben. [Anhang: A, B und Anmerkung]

26. Kapitel

Letzte Leidensverkündigung. Salbung in Bethanien. Passah und Abendmahl. Kampf in Gethsemane. Des Judas Verrat. Gefangennehmung Jesu. Verhör vor dem Hohepriester. Des Petrus Verleugnung.

1 Und es begab sich, da Jesus alle diese Reden vollendet hatte, sprach er zu seinen Jüngern:

2 Ihr wisset, daß nach zwei Tagen Ostern wird; und des Menschen Sohn wird überantwortet werden, daß er gekreuzigt werde.

3 Da versammelten sich die Hohenpriester und Schriftgelehrten und die Ältesten im Volk in den Palast des Hohenpriesters, der da hieß Kaiphas,

4 und hielten Rat, wie sie Jesus mit List griffen und töteten.

5 Sie sprachen aber: Ja nicht auf das Fest, auf daß nicht ein Aufruhr werde im Volk!

6 Da nun Jesus war zu Bethanien im Hause Simons, des Aussätzigen,

7 da trat zu ihm ein Weib, das hatte ein

Glas mit köstlichem Wasser und goß es auf sein Haupt, da er zu Tische saß.

8 Da das seine Jünger sahen, wurden sie unwillig und sprachen: Wozu diese Vergeudung?

9 Dieses Wasser hätte mögen teuer verkauft und den Armen gegeben werden.

10 Da das Jesus merkte, sprach er zu ihnen: Was bekümmert ihr das Weib? Sie hat ein gutes Werk an mir getan.

11 Ihr habt allezeit Arme bei euch; mich aber habt ihr nicht allezeit.

12 Daß sie dies Wasser hat auf meinen Leib gegossen, hat sie getan, daß sie mich zum Grabe bereite.

13 Wahrlich ich sage euch: Wo dies Evangelium gepredigt wird in der ganzen Welt, da wird man auch sagen zu ihrem Gedächtnis, was sie getan hat.

14 Da ging hin der Zwölf einer, mit Namen Judas Ischariot, zu den Hohenpriestern

15 und sprach: Was wollt ihr mir geben? Ich will ihn euch verraten. Und sie boten ihm dreißig Silberlinge.

16 Und von dem an suchte er

Gelegenheit, daß er ihn verriete.

17 Aber am ersten Tag der süßen Brote traten die Jünger zu Jesus und sprachen zu ihm: Wo willst du, daß wir dir bereiten das Osterlamm zu essen?

18 Er sprach: Gehet hin in die Stadt zu einem und sprecht: der Meister läßt dir sagen: Meine Zeit ist nahe; ich will bei dir Ostern halten mit meinen Jüngern.

19 Und die Jünger taten wie ihnen Jesus befohlen hatte, und bereiteten das Osterlamm.

20 Und am Abend setzte er sich zu Tische mit den Zwölfen.

21 Und da sie aßen, sprach er: Wahrlich ich sage euch: Einer unter euch wird mich verraten.

22 Und sie wurden sehr betrübt und hoben an, ein jeglicher unter ihnen, und sagten zu ihm: HERR, bin ich's?

23 Er antwortete und sprach: Der mit der Hand mit mir in die Schüssel tauchte, der wird mich verraten.

24 Des Menschen Sohn geht zwar dahin, wie von ihm geschrieben steht; doch weh dem Menschen, durch welchen des Menschen Sohn verraten wird! Es wäre

ihm besser, daß er nie geboren wäre.

25 Da antwortete Judas, der ihn verriet, und sprach: Bin ich's Rabbi? Er sprach zu ihm: Du sagst es.

26 Da sie aber aßen, nahm Jesus das Brot, dankte und brach's und gab's den Jüngern und sprach: Nehmet, esset; das ist mein Leib.

27 Und er nahm den Kelch und dankte, gab ihnen den und sprach: Trinket alle daraus;

28 das ist mein Blut des neuen Testaments, welches vergossen wird für viele zur Vergebung der Sünden.

29 Ich sage euch: Ich werde von nun an nicht mehr von diesen Gewächs des Weinstocks trinken bis an den Tag, da ich's neu trinken werde mit euch in meines Vaters Reich.

30 Und da sie den Lobgesang gesprochen hatten, gingen sie hinaus an den Ölberg.

31 Da sprach Jesus zu ihnen: In dieser Nacht werdet ihr euch alle ärgern an mir. Denn es steht geschrieben: "Ich werde den Hirten schlagen, und die Schafe der Herde werden sich zerstreuen."

32 Wenn ich aber auferstehe, will ich vor euch hingehen nach Galiläa.

33 Petrus aber antwortete und sprach zu ihm: Wenn sich auch alle an dir ärgerten, so will ich doch mich nimmermehr ärgern.

34 Jesus sprach zu ihm: Wahrlich ich sage dir: In dieser Nacht, ehe der Hahn kräht, wirst du mich dreimal verleugnen.

35 Petrus sprach zu ihm: Und wenn ich mit dir sterben müßte, so will ich dich nicht verleugnen. Desgleichen sagten auch alle Jünger.

36 Da kam Jesus mit ihnen zu einem Hofe, der hieß Gethsemane, und sprach zu seinen Jüngern: Setzet euch hier, bis daß ich dorthin gehe und bete.

37 Und nahm zu sich Petrus und die zwei Söhne des Zebedäus und fing an zu trauern und zu zagen.

38 Da sprach Jesus zu ihnen: Meine Seele ist betrübt bis an den Tod; bleibet hier und wachet mit mir!

39 Und ging hin ein wenig, fiel nieder auf sein Angesicht und betete und sprach: Mein Vater, ist's möglich, so gehe dieser Kelch von mir; doch nicht, wie ich will,

sondern wie du willst!

40 Und er kam zu seinen Jüngern und fand sie schlafend und sprach zu Petrus: Könnet ihr denn nicht eine Stunde mit mir wachen?

41 Wachet und betet, daß ihr nicht in Anfechtung fallet! Der Geist ist willig; aber das Fleisch ist schwach.

42 Zum andernmal ging er wieder hin, betete und sprach: Mein Vater, ist's nicht möglich, daß dieser Kelch von mir gehe, ich trinke ihn denn, so geschehe dein Wille!

43 Und er kam und fand sie abermals schlafend, und ihre Augen waren voll Schlafs.

44 Und er ließ sie und ging abermals hin und betete zum drittenmal und redete dieselben Worte.

45 Da kam er zu seinen Jüngern und sprach zu ihnen: Ach wollt ihr nur schlafen und ruhen? Siehe, die Stunde ist hier, daß des Menschen Sohn in der Sünder Hände überantwortet wird.

46 Stehet auf, laßt uns gehen! Siehe, er ist da, der mich verrät!

47 Und als er noch redete, siehe, da kam

Judas, der Zwölf einer, und mit ihm eine große Schar, mit Schwertern und mit Stangen, von den Hohenpriestern und Ältesten des Volks.

48 Und der Verräter hatte ihnen ein Zeichen gegeben und gesagt: Welchen ich küssen werde, der ist's; den greifet.

49 Und alsbald trat er zu Jesus und sprach: Gegrüßet seist du, Rabbi! und küßte ihn.

50 Jesus aber sprach zu ihm: Mein Freund, warum bist du gekommen? Da traten sie hinzu und legten die Hände an Jesus und griffen ihn.

51 Und siehe, einer aus denen, die mit Jesus waren, reckte die Hand aus und zog sein Schwert aus und schlug des Hohenpriesters Knecht und hieb ihm ein Ohr ab.

52 Da sprach Jesus zu ihm; Stecke dein Schwert an seinen Ort! denn wer das Schwert nimmt, der soll durchs Schwert umkommen.

53 Oder meinst du, daß ich nicht könnte meinen Vater bitten, daß er mir zuschickte mehr denn zwölf Legionen Engel?

54 Wie würde aber die Schrift erfüllet? Es muß also gehen.

55 Zu der Stunde sprach Jesus zu den Scharen: Ihr seid ausgegangen wie zu einem Mörder, mit Schwertern und Stangen, mich zu fangen. Bin ich doch täglich gesessen bei euch und habe gelehrt im Tempel, und ihr habt mich nicht gegriffen.

56 Aber das ist alles geschehen, daß erfüllet würden die Schriften der Propheten. Da verließen ihn die Jünger und flohen.

57 Die aber Jesus gegriffen hatten, führten ihn zu dem Hohenpriester Kaiphas, dahin die Schriftgelehrten und Ältesten sich versammelt hatten.

58 Petrus aber folgte ihm nach von ferne bis in den Palast des Hohenpriesters und ging hinein und setzte sich zu den Knechten, auf daß er sähe, wo es hinaus wollte.

59 Die Hohenpriester aber und die Ältesten und der ganze Rat suchten falsch Zeugnis gegen Jesus, auf daß sie ihn töteten,

60 und fanden keins. Und wiewohl viel falsche Zeugen herzutraten, fanden sie doch keins. Zuletzt traten herzu zwei falsche Zeugen

61 und sprachen: Er hat gesagt: Ich kann den Tempel Gottes abbrechen und in drei Tagen ihn bauen.

62 Und der Hohepriester stand auf und sprach zu ihm: Antwortest du nichts zu dem, was diese wider dich zeugen?

63 Aber Jesus schwieg still. Und der Hohepriester antwortete und sprach zu ihm: Ich beschwöre dich bei dem lebendigen Gott, daß du uns sagest, ob du seist Christus, der Sohn Gottes.

64 Jesus sprach zu ihm: Du sagst es. Doch ich sage euch: Von nun an wird's geschehen, daß ihr werdet sehen des Menschen Sohn sitzen zur Rechten der Kraft und kommen in den Wolken des Himmels.

65 Da zerriß der Hohepriester seine Kleider und sprach: Er hat Gott gelästert! Was bedürfen wir weiteres Zeugnis? Siehe, jetzt habt ihr seine Gotteslästerung gehört.

66 Was dünkt euch? Sie antworteten und

sprachen: Er ist des Todes schuldig!

67 Da spieen sie aus in sein Angesicht und schlugen ihn mit Fäusten. Etliche aber schlugen ihn ins Angesicht

68 und sprachen: Weissage uns, Christe, wer ist's, der dich schlug?

69 Petrus aber saß draußen im Hof; und es trat zu ihm eine Magd und sprach: Und du warst auch mit dem Jesus aus Galiläa.

70 Er leugnete aber vor ihnen allen und sprach: Ich weiß nicht, was du sagst.

71 Als er aber zur Tür hinausging, sah ihn eine andere und sprach zu denen, die da waren: Dieser war auch mit dem Jesus von Nazareth.

72 Und er leugnete abermals und schwur dazu: Ich kenne den Menschen nicht.

73 Und über eine kleine Weile traten die hinzu, die dastanden, und sprachen zu Petrus: Wahrlich du bist auch einer von denen; denn deine Sprache verrät dich.

74 Da hob er an sich zu verfluchen und zu schwören: Ich kenne diesen Menschen nicht. Uns alsbald krähte der Hahn.

75 Da dachte Petrus an die Worte Jesu, da er zu ihm sagte: "Ehe der Hahn krähen

wird, wirst du mich dreimal verleugnen",
und ging hinaus und weinte bitterlich.

27. Kapitel

Jesus vor Pilatus. Ende des Verräters Judas.
Jesus und Barabbas. Jesu Verurteilung,
Geißelung, Verspottung, Kreuzigung,
Tod und Begräbnis.

1 Des Morgens aber hielten alle
Hohenpriester und die Ältesten des Volks
einen Rat über Jesus, daß sie ihn töteten.

2 Und banden ihn, führten ihn hin und
überantworteten ihn dem Landpfleger
Pontius Pilatus.

3 Da das sah Judas, der ihn verraten
hatte, daß er verdammt war zum Tode,
gereute es ihn, und brachte wieder die
dreißig Silberlinge den Hohenpriestern
und den Ältesten

4 und sprach: Ich habe übel getan, daß
ich unschuldig Blut verraten habe.

5 Sie sprachen: Was geht uns das an? Da
siehe du zu! Und er warf die Silberlinge in
den Tempel, hob sich davon, ging hin

und erhängte sich selbst.

6 Aber die Hohenpriester nahmen die Silberlinge und sprachen: Es taugt nicht, daß wir sie in den Gotteskasten legen, denn es ist Blutgeld.

7 Sie hielten aber einen Rat und kauften den Töpfersacker darum zum Begräbnis der Pilger.

8 Daher ist dieser Acker genannt der Blutacker bis auf den heutigen Tag.

9 Da ist erfüllt, was gesagt ist durch den Propheten Jeremia, da er spricht: "Sie haben genommen dreißig Silberlinge, damit bezahlt war der Verkaufte, welchen sie kauften von den Kindern Israel,

10 und haben sie gegeben um den Töpfersacker, wie mir der HERR befohlen hat."

11 Jesus aber stand vor dem Landpfleger; und der Landpfleger fragte ihn und sprach: Bist du der Juden König? Jesus aber sprach zu ihm: Du sagst es.

12 Und da er verklagt ward von den Hohenpriestern und Ältesten, antwortete er nicht.

13 Da sprach Pilatus zu ihm: Hörst du nicht, wie hart sie dich verklagen?

14 Und er antwortete ihm nicht auf ein Wort, also daß der Landpfleger sich verwunderte.

15 Auf das Fest aber hatte der Landpfleger die Gewohnheit, dem Volk einen Gefangenen loszugeben, welchen sie wollten.

16 Er hatte aber zu der Zeit einen Gefangenen, einen sonderlichen vor anderen, der hieß Barabbas.

17 Und da sie versammelt waren, sprach Pilatus zu ihnen: Welchen wollt ihr, daß ich euch losgebe? Barabbas oder Jesus, von dem gesagt wird, er sei Christus?

18 Denn er wußte wohl, daß sie ihn aus Neid überantwortet hatten.

19 Und da er auf dem Richtstuhl saß, schickte sein Weib zu ihm und ließ ihm sagen: Habe du nichts zu schaffen mit diesem Gerechten; ich habe heute viel erlitten im Traum seinetwegen.

20 Aber die Hohenpriester und die Ältesten überredeten das Volk, daß sie um Barabbas bitten sollten und Jesus umbrächten.

21 Da antwortete nun der Landpfleger und sprach zu ihnen: Welchen wollt ihr

unter diesen zweien, den ich euch soll losgeben? Sie sprachen: Barabbas.

22 Pilatus sprach zu ihnen: Was soll ich denn machen mit Jesus, von dem gesagt wird er sei Christus? Sie sprachen alle: Laß ihn kreuzigen!

23 Der Landpfleger sagte: Was hat er denn Übles getan? Sie schrieen aber noch mehr und sprachen: Laß ihn kreuzigen!

24 Da aber Pilatus sah, daß er nichts schaffte, sondern daß ein viel größer Getümmel ward, nahm er Wasser und wusch die Hände vor dem Volk und sprach: Ich bin unschuldig an dem Blut dieses Gerechten, sehet ihr zu!

25 Da antwortete das ganze Volk und sprach: Sein Blut komme über uns und unsere Kinder.

26 Da gab er ihnen Barabbas los; aber Jesus ließ er geißeln und überantwortete ihn, daß er gekreuzigt würde.

27 Da nahmen die Kriegsknechte des Landpflegers Jesus zu sich in das Richthaus und sammelten über ihn die ganze Schar

28 und zogen ihn aus und legten ihm

einen Purpurmantel an

29 und flochten eine Dornenkrone und setzten sie auf sein Haupt und ein Rohr in seine rechte Hand und beugten die Kniee vor ihm und verspotteten ihn und sprachen: Gegrüßet seist du, der Juden König!

30 und spieen ihn an und nahmen das Rohr und schlugen damit sein Haupt.

31 Und da sie ihn verspottet hatten, zogen sie ihm seine Kleider an und führten ihn hin, daß sie ihn kreuzigten.

32 Und indem sie hinausgingen, fanden sie einen Menschen von Kyrene mit Namen Simon; den zwangen sie, daß er ihm sein Kreuz trug.

33 Und da sie an die Stätte kamen mit Namen Golgatha, das ist verdeutscht Schädelstätte,

34 gaben sie ihm Essig zu trinken mit Galle vermischt; und da er's schmeckte, wollte er nicht trinken.

35 Da sie ihn aber gekreuzigt hatten, teilten sie seine Kleider und warfen das Los darum, auf daß erfüllet würde, was gesagt ist durch den Propheten: "Sie haben meine Kleider unter sich geteilt,

und über mein Gewand haben sie das Los geworfen."

36 Und sie saßen allda und hüteten sein.

37 Und oben zu seinen Häupten setzten sie die Ursache seines Todes, und war geschrieben: Dies ist Jesus, der Juden König.

38 Und da wurden zwei Mörder mit ihm gekreuzigt, einer zur Rechten und einer zur Linken.

39 Die aber vorübergingen, lästerten ihn und schüttelten ihre Köpfe

40 und sprachen: Der du den Tempel Gottes zerbrichst und baust ihn in drei Tagen, hilf dir selber! Bist du Gottes Sohn, so steig herab vom Kreuz.

41 Desgleichen auch die Hohenpriester spotteten sein samt den Schriftgelehrten und Ältesten und sprachen:

42 Andern hat er geholfen, und kann sich selber nicht helfen. Ist er der König Israels, so steige er nun vom Kreuz, so wollen wir ihm glauben.

43 Er hat Gott vertraut; der erlöse ihn nun, hat er Lust zu ihm; denn er hat gesagt: Ich bin Gottes Sohn.

44 Desgleichen schmähten ihn auch die

Mörder, die mit ihm gekreuzigt waren.

45 Und von der sechsten Stunde an ward eine Finsternis über das ganze Land bis zu der neunten Stunde.

46 Und um die neunte Stunde schrie Jesus laut und sprach: Eli, Eli, lama asabthani? das heißt: Mein Gott, mein Gott, warum hast du mich verlassen?

47 Etliche aber, die dastanden, da sie das hörten, sprachen sie: Der ruft den Elia.

48 Und alsbald lief einer unter ihnen, nahm einen Schwamm und füllte ihn mit Essig und steckte ihn an ein Rohr und tränkte ihn.

49 Die andern aber sprachen: Halt, laß sehen, ob Elia komme und ihm helfe.

50 Aber Jesus schrie abermals laut und verschied.

51 Und siehe da, der Vorhang im Tempel zerriß in zwei Stücke von obenan bis untenaus.

52 Und die Erde erbebte, und die Felsen zerrissen, die Gräber taten sich auf, und standen auf viele Leiber der Heiligen, die da schliefen,

53 und gingen aus den Gräbern nach

seiner Auferstehung und kamen in die heilige Stadt und erschienen vielen.

[Die Gräber wurden auseinandergerissen und viele Leichen der Entschlafenen wurden herausgeschleudert. Viele, die aus der Stadt herausgekommen waren, konnten die Leichen dort liegen sehen (7)]

54 Aber der Hauptmann und die bei ihm waren und bewahrten Jesus, da sie sahen das Erdbeben und was da geschah, erschraken sie sehr und sprachen: Wahrlich dieser ist Gottes Sohn gewesen!

55 Und es waren viele Weiber da, die von ferne zusahen, die da Jesus waren nachgefolgt aus Galiläa und hatten ihm gedient;

56 unter welchen war Maria Magdalena und Maria, die Mutter der Kinder des Zebedäus.

57 Am Abend aber kam ein reicher Mann von Arimathia, der hieß Joseph, welcher auch ein Jünger Jesu war.

58 Der ging zu Pilatus und bat ihn um den Leib Jesus. Da befahl Pilatus man sollte ihm ihn geben.

59 Und Joseph nahm den Leib und

wickelte ihn in eine reine Leinwand

60 und legte ihn in sein eigenes Grab, welches er hatte lassen in einen Fels hauen, und wälzte einen großen Stein vor die Tür des Grabes und ging davon.

61 Es war aber allda Maria Magdalena und die andere Maria, die setzten sich gegen das Grab.

62 Des andern Tages, der da folgt nach dem Rüsttage, kamen die Hohenpriester und Pharisäer sämtlich zu Pilatus

63 und sprachen: Herr, wir haben gedacht, daß dieser Verführer sprach, da er noch lebte: Ich will nach drei Tagen auferstehen.

64 Darum befiehl, daß man das Grab verwahre bis an den dritten Tag, auf daß nicht seine Jünger kommen und stehlen ihn und sagen dem Volk: Er ist auferstanden von den Toten, und werde der letzte Betrug ärger denn der erste.

65 Pilatus sprach zu ihnen: Da habt ihr die Hüter; gehet hin und verwahret, wie ihr wisset.

66 Sie gingen hin und verwahrten das Grab mit Hütern und versiegelten den Stein.

28. Kapitel

Auferstehung Jesu.
Erscheinung des Auferstandenen.
Missionsbefehl.

1 Als aber der Sabbat um war und der erste Tag der Woche anbrach, kam Maria Magdalena und die andere Maria, das Grab zu besehen.

2 Und siehe, es geschah ein großes Erdbeben. Denn der Engel des HERRN kam vom Himmel herab, trat hinzu und wälzte den Stein von der Tür und setzte sich darauf.

3 Und seine Gestalt war wie der Blitz und sein Kleid weiß wie Schnee.

4 Die Hüter aber erschraken vor Furcht und wurden, als wären sie tot.

5 Aber der Engel antwortete und sprach zu den Weibern: Fürchtet euch nicht! Ich weiß, daß ihr Jesus, den Gekreuzigten, sucht.

6 Er ist nicht hier; er ist auferstanden, wie er gesagt hat. Kommt her und seht die Stätte, da der HERR gelegen hat.

7 Und gehet eilend hin und sagt es seinen Jüngern, daß er auferstanden sei von den Toten. Und siehe, er wird vor euch hingehen nach Galiläa; da werdet ihr ihn sehen. Siehe, ich habe es euch gesagt.

8 Und sie gingen eilend zum Grabe hinaus mit Furcht und großer Freude und liefen, daß sie es seinen Jüngern verkündigten. Und da sie gingen seinen Jüngern zu verkündigen,

9 siehe, da begegnete ihnen Jesus und sprach: Seid gegrüßet! Und sie traten zu ihm und griffen an seine Füße und fielen vor ihm nieder.

10 Da sprach Jesus zu ihnen: Fürchtet euch nicht! Geht hin und verkündigt es meinen Brüdern, daß sie gehen nach Galiläa; daselbst werden sie mich sehen.

11 Da sie aber hingingen, siehe, da kamen etliche von den Hütern in die Stadt und verkündigten den Hohenpriestern alles, was geschehen war.

12 Und sie kamen zusammen mit den Ältesten und hielten einen Rat und gaben den Kriegsknechten Geld genug

13 und sprachen: Saget: Seine Jünger kamen des Nachts und stahlen ihn, dieweil wir schliefen.

14 Und wo es würde auskommen bei dem Landpfleger, wollen wir ihn stillen und schaffen, daß ihr sicher seid.

15 Und sie nahmen das Geld und taten, wie sie gelehrt waren. Solches ist eine gemeine Rede geworden bei den Juden bis auf den heutigen Tag.

16 Aber die elf Jünger gingen nach Galiläa auf einen Berg, dahin Jesus sie beschieden hatte.

17 Und da sie ihn sahen, fielen sie vor ihm nieder; etliche aber zweifelten.

18 Und Jesus trat zu ihnen, redete mit ihnen und sprach: Mir ist gegeben alle Gewalt im Himmel und auf Erden.

19 Darum gehet hin und lehret alle Völker und taufet sie im Namen des Vaters und des Sohnes und des heiligen Geistes,

20 und lehret sie halten alles, was ich euch befohlen habe. Und siehe, ich bin bei euch alle Tage bis an der Welt Ende.

Anhang und Register

A)

"Bei der Verteidigung der Lehre der ewigen Verdammnis wird gerne darauf hingewiesen, dass in der Bibel aber doch von ewigen Strafen die Rede sei. Auch wenn es in der vielstimmigen Bibel Stellen geben mag, in denen wirklich von einer unendlichen Höllenstrafe die Rede sein sollte, wurde doch noch immer zu wenig bedacht, dass das hebräische Wort *olam* im Alten Testament und das entsprechende griechische Wort *aion, aionios* im Neuen Testament, das wir in der Nachfolge Luthers im Deutschen gewöhnlich mit *Ewigkeit, ewig* im Sinne einer abstrakten, unbegrenzten Zeitdauer übersetzen, in den Ursprachen der Bibel eine durchaus andere, differenziertere, vielfältige, geschichtlich gefülltere Bedeutung hat. *Olam* hat die Grundbedeutung von *fernste Zeit* im Blick auf die Vergangenheit oder Zukunft, bzw. auf beide. Die Bedeutung *ewig* wohnt dem Wort *olam* nicht als solchem inne, sie ergibt sich erst aus der Beziehung, in die sein eigentlicher Sinn durch das bestimmende

Hauptwort oder ein Verhältniswort (Präposition) gebracht wird. Der Begriff kann u.a. auch eine längere, begrenzte Zeit bedeuten, die verschieden lang sein kann, je nachdem ob es sich um geschichtliche Vorgänge oder Einrichtungen, um einzelne Menschen (z.B. 2. Mose 21, 6 oder 1. Samuel 1, 22), Völker oder die ganze Menschheit oder auch um Gott handelt.

Besonders der Begriff *aion* im Neuen Testament bedeutet neben Ewigkeit vor allem auch Zeit, Zeitraum, Lebenszeit, die graue Vorzeit, Vergangenheit, Gegenwart, Generation, Zeitalter, Weltalter, Epoche oder - wie unser entlehntes Wort - *Äon*, ja sogar Welt oder eine geistige Weltmacht. Diesen wichtigen Bedeutungsunterschied vor allem zwischen abstrakter Ewigkeit und geschichtlich gefüllter Zeit erkennt man sogar noch in der deutschen Übersetzung von Stellen, wo es heißt *'von Ewigkeit zu Ewigkeit'*, oder *'in alle Ewigkeit'*, was ja an sich keinen Sinn hat, wenn das Wort, das wir mit Ewigkeit wiedergeben, sowieso schon eine unbegrenzte Zeit bezeichnen würde.

Wenn im Blick auf Gott oder Christus wirklich die unbegrenzte Ewigkeit gemeint ist, dann begegnet gerade im Griechischen gerne die Mehrzahl von *aion*, etwa in der Fomulierung *'bis zu den Äonen der Äonen'*. Epheser 2, 7 bezeugt, dass Gott *in den kommenden Zeiten* (griechisch *en tois aiosin tois eperchomenois*) den überfließenden Reichtum seiner Gnade erweisen wolle. Auch hier wäre eine Übersetzung mit *in den kommenden Ewigkeiten* unsachgemäß. In Hebräer 9, 26 ist im Blick auf die eschatologisch verstandene Gegenwart vom *Ende der Zeiten (synteleia ton aionon)* die Rede, worin der geschichtlich gefüllte und zeitlich begrenzte Aspekt des Begriffes *aion* deutlich zum Ausdruck kommt, denn ein *Ende der Ewigkeit* wäre ja ein Widerspruch in sich.

Darum ist es kein Argument für die Ewigkeit der Höllenstrafen, wenn man mit Matthäus 25, 46 darauf hinweist, dass *ewig (aionios)* dort, wenn es auf das ewige Leben bezogen ewig bedeutet, auch *ewig* bedeuten <u>muss</u>, wenn es in demselben Satz auf die Strafe bezogen wird. Man übersieht dabei, dass sich *aionios* zum einen

- auf das *unendliche Leben im Reiche Gottes* bezieht, das eben mit Gott in Christus wirklich ewig ist;

- und zum anderen auf die Strafe bzw. jenes Feuer, das wohl für uns Menschen auf unabsehbare Zeiten hinaus und insofern *aion* bestehen wird, das aber mit der Hölle und dem Tod verschwinden wird.

Strafe und Feuer sind in der Zeit entstanden und ihr Ende und ihre Vernichtung sind angekündigt (1. Korinther 15, 26) und werden kommen, nachdem der Tod - nämlich die uns von Gott trennende Sünde - durch Christi Erlösungswerk grundsätzlich bereits in einem Sieg aufgegangen ist (1. Korinther 15, 54). Die Bedeutung von *aionios* hängt also von dem Gegenstand ab, auf den es sich bezieht."

(Professors für Theologie, Till Arend Mohr, aus dem Buch *Kehret zurück ihr Menschenkinder* unter dem Kapitel *Das universale Heil als Ziel des göttlichen Heilsplans*)

***

B) Der katholische Geistliche Johannes Greber schreibt dazu:

"Man beruft sich auf die Bibel, um den Beweis für die Ewigkeit der Höllenstrafen zu erbringen. Man klammert sich an das Wort *ewig*, das in den Übersetzungen des Neues Testaments in Verbindung mit den jenseitigen Strafen gebraucht wird. Aber wie lautet das Wort, das mit *ewig* übersetzt wurde, im griechischen Urtext? Denn nicht auf die Übersetzung kommt es an, sondern auf den Sinn des Wortes, das im Urtext steht. Hier findet sich das Wort *Aeon*. Damit wird ein großer Zeitraum bezeichnet. Im griechischen bedeutet das Wort *Aeon* nicht *Ewigkeit* oder bezeichnet den Begriff des *Ewigen*. Es hat nur die Bedeutung eines Zeitraumes von bestimmter Dauer. Das Altertum, das Mittelalter, die Neuzeit ist ein *Aeon*. Nach Anschauung der Römer war ein *Aeon* ein Zeitraum von 100 Jahren.

Ein *Aeon* ist also eine Zeitdauer, deren Grenzen mal näher zusammen - mal weiter auseinanderliegen. Sogar ein Menschenalter wird manchmal mit dem Wort *Aeon* wiedergegeben. Aber niemals kann damit eine nie endende Zeitperiode ausgedrückt werden. Daher kann das Wort *Aeon* niemals mit *Ewigkeit* oder *ewig* übersetzt werden, sondern man muß dafür die Bezeichnung *Zeit* und *zeitlich* gebrauchen.

Anmerkung: Dort, wo von Strafe die Rede ist, haben die Übersetzer *immer* das Wort *ewig* gebraucht. Daran merkt man deutlich, daß die Übersetzungen unter dem Einfluß christlicher Religionen stehen, die eine ewige Höllenstrafe lehren."

(Aus: Der Verkehr mit der Geisterwelt Gottes, seine Gesetze und sein Zweck)

***

Diese Anmerkungen erheben keinen Anspruch auf die alleinige Wahrheit, sondern sollen vor allem zum eigenen und weiteren Bibelstudium anregen. Zu diesem Thema gibt es unterschiedliche Auffassungen.

***

Anhang und Register

Angemerkt sei an dieser Stelle, dass sich die kirchliche Lehrtradition mit der Verurteilung der Lehre von der Apokatastasis panton (Wiederherstellung aller Dinge, dem universalen Heil) auf der Synode von Konstantinopel 553 unter Justinian und mit der Ablehnung durch die reformatorische Augsburger Konfession von 1530 (Art. XVII) für den doppelten Ausgang der Weltgeschichte mit der Errettung der kleinen Schar Gläubiger und der ewigen Verdammnis der großen Mehrheit der Ungläubigen und Teufel *entschieden hat,* auch wenn dies so im Urtext der Bibel nicht steht. Insbesondere die Lehre vom universalen Heil als letztem Ziel des göttlichen Heilsplanes wurde damit schlicht verworfen.

Till Arend Mohr, Kehret zurück ihr Menschenkinder!

Register:

(1) Übersetzungsalternative nach Urtext, vergl. Bibelübersetzungen: Menge, aber auch Elberfelder, Neue Züricher Bibel u.a., siehe auch: Jean-Yves Leloup, Das Evangelium der Maria Magdalena, Prof. Till A Mohr, Kehret zurück ich Menschenkinder

(2) Jean-Yves Leloup, Das Evangelium der Maria Magdalena

(3) Übersetzungsalternative nach Urtext, vergl. Bibelübersetzungen: Menge, aber auch Elberfelder, Neue Züricher Bibel u.a., siehe auch: Johannes Greber, Der Verkehr mit der Geisterwelt Gottes und andere Auslegungen

(4) Übersetzungsalternative nach Urtext, vergl. Bibelübersetzungen: Menge, aber auch Elberfelder, Neue Züricher Bibel u.a.

(5) Übersetzungsalternative nach Urtext, vergl. Bibelübersetzungen: Menge, aber auch Elberfelder, Neue Züricher Bibel u.a.

(6) Übersetzungsalternative nach Urtext, vergl. Bibelübersetzungen: Menge, aber auch Elberfelder, Neue Züricher Bibel u.a.

(7) Übersetzungsalternative nach Urtext, vergl. Bibelübersetzungen: Menge, aber auch Elberfelder, Neue Züricher Bibel u.a., siehe auch: Johannes Greber, Der Verkehr mit der Geisterwelt Gottes und andere Auslegungen

***

Diese Anmerkungen erheben keinen Anspruch auf die alleinige Wahrheit, sondern sollen vor allem zum eigenen und weiteren Bibelstudium anregen. Zu diesem Thema gibt es unterschiedliche Auffassungen.

***

Anhang und Register

Anhang und Register